RÊVERIES DO ANALISTA

Blucher

RÊVERIES DO ANALISTA

Investigações do conceito enigmático de Bion

Fred Busch

Tradução

Tania Mara Zalcberg

Rêveries do analista: investigações do conceito enigmático de Bion
Título original: *The analyst's reveries: explorations in Bion's enigmatic concept*, de Fred Busch

Publisher Edgard Blücher
Editores Eduardo Blücher e Jonatas Eliakim
Coordenação editorial Andressa Lira
Produção editorial Ariana Corrêa
Preparação de texto Bárbara Waida
Diagramação Guilherme Salvador
Revisão de texto Ana Maria Fiorini
Capa Laércio Flenic
Imagem da capa iStockphoto

Blucher

Rua Pedroso Alvarenga, 1245, 4º andar
04531-934 – São Paulo – SP – Brasil
Tel.: 55 11 3078-5366
contato@blucher.com.br
www.blucher.com.br

Segundo o Novo Acordo Ortográfico, conforme 6. ed. do *Vocabulário Ortográfico da Língua Portuguesa*, Academia Brasileira de Letras, julho de 2021.

Dados Internacionais de Catalogação
na Publicação (CIP)
Angélica Ilacqua CRB-8/7057

Busch, Fred

Rêveries do analista : investigações do conceito enigmático de Bion / Fred Busch ; Tania Mara Zalcberg. – São Paulo : Blucher, 2023.

208 p.

Bibliografia

ISBN 978-65-5506-659-3

Título original: *The analyst's reveries: explorations in Bion's enigmatic concept*

1. Bion, Wilfred R. (Wilfred Ruprecht), 1897-1979.
2. Psicanálise I. Título II. Zalcberg, Tania Mara

23-3654 CDD 616.89

Índice para catálogo sistemático:
1. Bion, Wilfred R. (Wilfred Ruprecht), 1897-1979.

Apresentação

Embora o uso das *rêveries* do analista tenha aumentado ultimamente no trabalho com pacientes, houve pouca investigação crítica a respeito de seu valor e dos problemas a que pode levar. *Rêveries do analista* defronta-se com a veneração cada vez maior ao uso das *rêveries* do analista, ao mesmo tempo que revela diferenças importantes entre pós-bionianos acerca do modo de usar e de definir a *rêverie* na clínica. Fred Busch pondera se foi plenamente reconhecido o fato de alguns pós-bionianos sugerirem um paradigma novo e radical para o que cura em psicanálise.

Após procurar as raízes do uso de *rêveries* pelo analista na obra de Bion e, a esse propósito, questionar se Bion era bioniano, Busch examina cuidadosamente a obra de alguns pós-bionianos e encontra formas convincentes de pensar tanto a utilidade como as limitações do uso das *rêveries* pelo analista. Busch investiga questões como:

- De que parte da mente surge a *rêverie*?
- De que maneira sua proveniência caracteriza suas possibilidades transformadoras?

- Generalizamos demais ao conceituar o não representado, com o problema correspondente de falsos positivos?
- Sonhos equivalem a compreensão e o que dizer da possibilidade de generalização da *rêverie* criada a dois?

Busch conclui que é principalmente por meio das associações pessoais do analista que se revela o potencial da *rêverie*, o que o ajuda ainda mais a distingui-la de muitas outras possibilidades, inclusive da sua contratransferência. Ele acredita na importância de converter as *rêveries* em interpretações verbais, uma questão polêmica entre os pós-bionianos. Finaliza com a difícil tarefa de classificar as *rêveries* do analista a partir de seu nível de representação.

Rêveries do analista terá grande interesse para psicanalistas e psicoterapeutas de base psicanalítica.

Para minha primeira leitora e editora, sempre – CSH

Conteúdo

1. O início 11

2. Três definições 23

3. Definição de *rêverie* de Bion: revisão sucinta 27

4. Bion era bioniano? 35

5. Três pós-bionianos 63

6. Outros problemas conceituais no uso da *rêverie* 127

7. Questões sobre a construção a dois da *rêverie* 157

8. Conceituando um enigma 175

Referências 185

Índice remissivo 197

1. O início

Em tudo que escrevi até este momento, eu perseguia uma ideia. Este livro resulta de uma *ideia me perseguindo*. Deixe-me explicar.

Tudo começou com um enigma clínico, levando a uma imersão de três anos na obra de Bion e de pós-bionianos[1] sobre as *rêveries* do analista, ao mesmo tempo que examinava minha prática analítica para ver se e de que maneira surgiam *rêveries*. O evento fortuito que deu início a essa jornada ocorreu na forma de uma discussão de Cláudio Eizirik sobre o meu artigo (Busch, 2015) apresentado em conferência da Associação Psicanalítica Internacional (IPA). A argumentação, centrada numa *rêverie* compartilhada por ele com seu paciente, a princípio me desconcertou e depois me intrigou. Minha primeira tendência foi desconsiderar sua importância, mas me vi voltando a ela repetidamente, levando-me a repensar minha

1 Uso esse termo para referir-me aos autores de tendência bioniana que, nos últimos trinta anos, tentaram definir a maneira como o analista usa suas *rêveries* no imediatismo da situação clínica.

reação inicial.[2] Contudo, meu fascínio a respeito de como o analista usa suas *rêveries* continuou por muito tempo depois da conferência, e este livro é o resultado.

Eis o exemplo de Eizirik acerca do uso de uma *rêverie* espontânea, a resposta do paciente e, em seguida, minha linha de ideias a esse respeito *na época*.

> *Era uma sessão de segunda-feira. O paciente começa a me contar os acontecimentos do fim de semana, em que brigou com os pais e sentiu-se distante da esposa e dos filhos. Continua com a descrição detalhada de cada fato e, enquanto eu ouvia, na verdade, nada me vinha à mente a não ser tédio, e a sensação de que mais uma vez a semana começava com a monotonia e as defesas obsessivas que são um de seus refúgios habituais. Nada tenho a dizer, nada a perguntar, nada.*
>
> *Então uma imagem me vem à mente, presto atenção nela e a acho engraçada, esquecendo aparentemente o paciente que continua seu discurso. Imagino duas crianças em uma banheira, ambas ensaboadas, de forma tal que é impossível se agarrarem, uma segurar o braço ou a cabeça da outra, enfim, uma absoluta impossibilidade de contato. Parece-me que isso descreve o que acontece na sessão. Assim, pergunto ao paciente o que ele pensaria de uma cena que acabara de me ocorrer, descrevo-a para*

2 Esta não é a primeira vez que Eizirik é citado por uma *rêverie* com impacto importante. Os Botella (2013) mencionam como uma *rêverie* acústica citada por Eizirik no Congresso do Rio de Janeiro em 2006 ajudou o analista a compreender um impasse num tratamento.

> *ele, e pergunto se isso poderia descrever também o que acontecia entre nós.*
>
> *Após um silêncio, durante o qual tive medo de ter dito alguma bobagem, o paciente começa a rir e me conta que essa era uma brincadeira comum entre ele e seus irmãos na infância, apelidada de "você não me pega". E isso abriu caminho para falar de suas manobras defensivas contra uma comunicação mais fluida, e para entender que a mudança nunca é fácil, e tendemos a nos apegar ao que nos é familiar, ao que sabemos sobre nós mesmos e o nosso mundo.*

Minha reação imediata ao ouvir a *rêverie* de Cláudio foi *CARAMBA! Isso está bem longe da vizinhança do paciente,*[3] *e espero que ele não compartilhe com o paciente.* Mas ele compartilhou, o que mudou toda a atmosfera da sessão. Como compreender isso? Antes de tentar uma resposta, deixe-me retroceder um pouco.

Se eu tivesse conseguido criar uma imagem tão empática, teria falado? Minha primeira resposta foi *provavelmente não!* Por quê? Assim como Cláudio, percebo que o tédio sentido na sessão resulta de uma encenação (*enactment*) defensiva do paciente em linguagem de ação[4] para reduzir qualquer excitação na sala. Assim, se eu tivesse a mesma imagem que Cláudio, tentaria conter e associar de que maneira essa imagem se encaixaria nos meus sentimentos de tédio na sessão. Não seria um grande salto observar a possibilidade de o tédio surgir como defesa contra essa imagem, que seria considerada uma

---

3 Freud (1910) introduziu essa metáfora, e eu a usei para descrever a importância de interpretar o que está próximo e disponível no pré-consciente do paciente (Busch, 1993, 2014).

4 Termo que usei para descrever quando as palavras mais parecem ações e têm o intuito inconsciente de fazer algo.

formação conciliatória – ou seja, ninguém pega nada nessa excitante banheira analítica em que estamos reunidos. Podemos observar então a *descrição detalhada e monótona das familiares brigas de fim de semana e da distância como defesa* contra o desejo de agarrar ou ser agarrado na banheira analítica. Então, minha primeira ideia foi que eu lidaria com a defesa.

Meus pensamentos pararam aí, após a leitura inicial do exemplo de Cláudio. Porém, na verdade, quanto mais eu pensava a respeito, *o que à primeira impressão parecia duas maneiras diferentes de trabalhar me surpreendeu por possuir diversas similaridades*. Ou seja, cada um de nós, à sua maneira, tentava trazer derivados do inconsciente para o pré-consciente. Meu método baseava-se em minha tendência de analisar as defesas contra a conscientização, de maneira que o paciente se sentisse mais seguro para permitir a entrada dos derivados inconscientes. O método de Cláudio é uma variante do que alguns analistas denominam "fazer cócegas" no derivado inconsciente no pré-consciente, não mergulhando além do que o paciente consiga compreender. Em suma, ambos estamos empenhados em trazer derivados inconscientes para o pré-consciente. Minha impressão é de que Eizirik captou algo na fronteira pré-consciente/inconsciente que levou à sua *rêverie*, sem que ele (Eizirik) tivesse consciência da fonte. Podemos ver pela resposta animada, e por outras associações, que o comentário de Eizirik tocou em algo que estava na fronteira do pré-consciente/inconsciente do paciente. Se estivesse mais profundo no inconsciente, supomos que não estaria disponível para uma mudança afetiva (ou seja, ameaçadora demais) ou para outras associações do paciente.

O conceito de pensamento subsimbólico[5] de Bucci (2001) nos ajuda a compreender como Eizirik chegou à sua compreensão.

---

5 "[Enquanto] do ponto de vista científico compreende-se o processamento subsimbólico por meio de complexos modelos matemáticos (Smolensky, 1988;

> *O analista que responde com base em seu processamento subsimbólico, sem ainda formulá-lo em termos simbólicos, não obstante, trabalha com conhecimento sistemático – "saber" subsimbólico –, não de algum modo mágico ou primitivo. Existem bases para suas inferências que podem em algum momento ser identificadas, embora ele possa não o fazer no imediato da interação.* (p. 66)

Inspirado e intrigado com o exemplo de Eizirik, comecei a ler mais sobre o que até então era um conceito vago em minha mente (ou seja, as *rêveries* do analista). Em minhas primeiras leituras da literatura bioniana, comecei a me sentir como um Monsieur Jourdain da adaptação de Timothy Mooney de *O Burguês Fidalgo*, de Molière, ao descobrir que "toda a minha vida tenho falado em prosa, sem nem mesmo o saber!". Isto é, percebi que por muitos anos vinha tendo o que alguns analistas considerariam *rêveries*, mas as classificara sob a definição mais ampla de associações ou meditações contratransferenciais. À medida que me aprofundava no tema, a importância de distinguir entre essas diferentes formas de *compreender* do analista ficou mais clara para mim.

Problemas ao repensar um conceito

Não é fácil examinar um conceito psicanalítico como as *rêveries* do analista, que, para muitos, tornou-se um componente essencial na compreensão de todos os nossos pacientes, mas especialmente

---

Rumelhart, 1989), [ele] é vivenciado de maneira imediata e familiar por nós nas ações e decisões da vida cotidiana – desde arremessar um pedaço de papel em um cesto de lixo ou trocar de faixa no trânsito até sentir que vai chover, saber quando a massa está *quase* pronta e precisa ser escorrida para ficar '*al dente*' e responder a expressões faciais ou a gestos" (Bucci, 2001, p. 48, grifo nosso).

daqueles cujas experiências iniciais parecem ter tido representações fracas. Como muitos desenvolvimentos em psicanálise, uma vez que um conceito demonstre ter valor clínico, passa-se a enfatizar a descoberta da sua utilidade, e a investigação crítica aparentemente se interrompe. À medida que isso acontece, o que é posto de lado são diferenças importantes no significado do conceito e na melhor maneira de usá-lo na clínica. Além disso, a história recente da psicanálise caracteriza-se por uma ideia clínica valiosa logo se tornando uma escola separada, movimento seguido pela rejeição de ideias anteriores do que é psicanálise. Em minha vida psicanalítica, assisti a isso acontecer com os adeptos de Kohut, da teoria das relações, da teoria interpessoal e, mais recentemente, com alguns pós-bionianos. Como disse Ferro (Ferro & Nicoli, 2017) recentemente, referindo-se à obra de Freud: "Hoje é inútil no que diz respeito a seu uso clínico: ler algo de Freud jamais será útil na situação clínica" (p. 47).

Ao voltar minha atenção para a literatura sobre as *rêveries* do analista, percebi, como observou Grotstein (2009): "De todas as novas ideias de Bion, a de '*rêverie*' é a que parece estar adquirindo maior prestígio como instrumento da técnica" (p. 69). Percebi que, mesmo enquanto isso acontecia, até onde eu tinha conhecimento, não havia uma *pesquisa extensa sobre o conceito*. Algo que parecia há muito necessário e essencial, pois alguns importantes pensadores pós-bionianos apresentavam o uso da *rêverie* como nada menos que *uma base inteiramente nova para pensar os métodos e objetivos do tratamento*. Como Ferro (Ferro & Nicoli, 2017) afirmou recentemente, "precisamos nos defender do que já sabemos: tudo o que se sabe não deve mais nos interessar" (p. 2).

Na verdade, dado o que se assemelha a uma explosão no interesse pela *rêverie* na última década, acho que Grotstein foi modesto em sua afirmação. Apesar de por muitos anos eu ter aceitado apenas com cautela a utilidade da *rêverie*, passei a acreditar em seu *potencial* como uma importante ferramenta disponível para os psicanalistas compreenderem o que, até certo momento do tratamento, era *inefável*. Contudo, ao usar qualquer ferramenta, deve haver diretrizes para se obterem os melhores resultados. Tentar usar um machado para abrir um pote pode cumprir o objetivo, mas pode levar também a consequências imprevistas. Em minhas excursões pela *rêverie*, encontrei *muitas inconsistências em sua definição e na maneira de usar o termo no* setting *clínico*. Ferro (Ferro & Nicoli, 2017) apreendeu o mesmo fenômeno ao ressaltar que a *rêverie*

> *espalhou-se como fogo em todas as conceituações da psicanálise, passando a ser um daqueles conceitos guarda-chuva que após algum tempo podem significar qualquer coisa ou o seu oposto, como o termo "identificação projetiva", e, assim, não conseguimos nos entender. (p. 73)*

A resposta a questões básicas como em que consiste uma rêverie, *em que parte da mente do analista ela se forma, e se é necessário traduzi-la em palavras permanece indefinida*. Tentei apontar as variadas respostas dadas a essas perguntas por analistas pós-bionianos, além de formular algum modo de pensar essas questões.

As *rêveries* do analista, como conceito, não estão sozinhas em seus múltiplos significados. Desde o início de minhas investigações clínicas de conceitos psicanalíticos (Busch, 1968), o que na aparência era um conceito bem definido muitas vezes estava repleto de inconsistências e múltiplos modos de compreensão (por exemplo, resistências, elaboração, contratransferência etc.). Enquanto outros analistas poderiam desesperar-se com essa descoberta, para alguém que gosta de mistérios, ela mostrou-se na maioria das vezes o início de uma jornada intrigante. Penso que tudo o que já escrevi tem algo desse atributo. Em entrevista, o ator Daniel Day-Lewis, conhecido por sua absorção nos papéis que interpreta (por exemplo, na preparação para interpretar um enigmático estilista no filme *Trama Fantasma*, foi aprendiz do figurinista do New York City Ballet), descreveu o fascínio de "descobrir algo que parece fora do alcance, às vezes fora do alcance de maneira impossível, que, de algum modo, o atrai para a sua órbita".[6] Aprender e pensar sobre as *rêveries* do analista tinha algo desse atributo.

Porém, como qualquer jornada ao interior de um mistério, também é repleta de frustração, especialmente quando os escritos das pessoas que subscrevem à importância de um conceito às vezes obscurecem as diferenças para mostrar que estão no mesmo time. Ao escrever este texto, foi interessante deparar com um comentário do falecido Oliver Sachs, afirmando: "Escrever é um baluarte contra o caos. Preciso escrever para me reconciliar com a experiência".[7] Embora eu provavelmente usasse a palavra "confusão" em lugar de caos, acho que Sachs captou algo primordial na experiência de aprofundar-se com honestidade em um conceito psicanalítico. Senti-me assim ao tentar compreender o conceito bioniano de *rêverie*. Li a seu respeito, ouvi as pessoas falarem dele em discussões e apresentações de material clínico, e até pensei que o utilizava em meu trabalho. *Não obstante, seu significado permanecia fugidio*. Alguns analistas podem dizer que a natureza do termo o faz permanecer fugidio, porém creio que para aferirmos o valor de um conceito, quanto mais para conversarmos e discutirmos entre nós a respeito, precisamos ter certa confiabilidade[8] na definição desse conceito. A psicanálise foi especialmente adepta de evitar esse princípio, o que às vezes nos leva a discussões que se aproximam de uma Torre de Babel virtual.

Alguns leitores de um resumo inicial deste livro propuseram uma questão interessante – isto é, o que acontece quando um psicanalista de determinada perspectiva teórica tenta aprofundar e discutir

---

6 R. Ugwu, *New York Times*, dezembro de 2017.

7 Tal como relatou Erica Goode, *New York Times*, 1º de setembro de 2015.

8 Aqui uso o termo no sentido científico de replicável.

um conceito de outra tradição? Funciona? Pode ser construtivo?[9] A crítica de Ferro (2015) às tentativas de compreender sua obra a partir da perspectiva freudiana, acreditando que os modelos não eram comparáveis, é uma reação típica. Ogden (2011) oferece uma perspectiva diferente ao discutir um artigo de Susan Isaacs.

> *O importante é o que se pode fazer com as ideias que Isaacs explicita combinadas com as ideias que sua linguagem sugere . . . Além disso, e provavelmente mais importante, tenho minha própria mente, o que me permite observar em seu trabalho muita coisa que ela não viu. Algo igualmente verdadeiro para você, leitor, ao ler Isaacs e ao ler o que escrevo. (p. 4)*

A necessidade de Ogden de defender sua compreensão de Isaacs fala de uma questão mais ampla em psicanálise: fala da nossa tendência de repudiar críticos de fora do nosso círculo e, assim, perder qualquer contribuição que possam dar à nossa compreensão.

Outro problema ao discutir um conceito como *rêverie* é que, com o tempo, certos termos se concretizam. Contrariando esse ponto de vista, acredito que O'Shaughnessy (2005) expressou de jeito melhor ao escrever sobre Bion: "Os escritos de Bion não são textos sagrados. Estão abertos à crítica e seus escritos psicanalíticos não pertencem *a nenhum de nós*, mas ao 'conjunto sistemático' denominado psicanálise" (p. 1527).

9 Em artigo em que revê o conceito de contratransferência, Jacobs (1999) escreveu: "Reviso a partir da minha perspectiva pessoal; isto é, do ponto de vista de um analista estadunidense, formado em um instituto clássico" (p. 575). Minha formação foi igual à descrita por Jacobs, e passei os últimos vinte anos mergulhando na literatura não investigada durante a minha formação, o que levou ao meu ponto de vista de que dentro de certas áreas há um terreno comum entre perspectivas teóricas aparentemente diversas (Busch, 2014, 2015).

Além disso, parece-me que todos os psicanalistas estão tentando explicar a mesma mente. Usamos certos métodos para escutar e compreender nossos pacientes e temos maneiras específicas de interpretar ou não. Temos conceitos explicativos para nossa maneira de trabalhar que, acredito, podem e talvez necessitem ser comparados com outras teorias analíticas sobre as mesmas questões. Além disso, creio que há mais confluências em certas linhas do que Ferro acredita (Busch, 2014).

Esboço do livro

Este livro é uma tentativa de proporcionar uma revisão informativa, mas não exaustiva, dos pontos de vista bionianos e pós-bionianos sobre o uso de *rêveries* do analista. Como existem muitas definições de *rêverie* por aí, para simplificar as coisas e ao mesmo tempo demonstrar sua complexidade, optei por me concentrar primeiro nos pontos de vista de Bion e depois principalmente em três pós-bionianos bem conhecidos por sua obra: Thomas Ogden; Antonino Ferro; e Elias e Elizabeth da Rocha Barros.[10]

O Capítulo 2 é um resumo de algumas definições fundamentais para ajudar as pessoas não tão familiarizadas com a obra de Bion. Os Capítulos 3 e 4 descrevem as surpreendentemente poucas declarações de Bion sobre as *rêveries* do analista, e o que podemos dizer sobre seu modo de usar o conceito. Embora Bion tenha escrito pouco sobre seu trabalho com pacientes, conduziu muitos seminários em todo o mundo, e há o relato de uma análise com Bion a partir do qual é possível compilar seu modo geral de abordar o material clínico. Em

10 Apesar de isso levantar a suspeita de que há quatro autores, não três, incluo o casal Rocha Barros como uma única autoria, na medida em que escreveram juntos e têm ideias semelhantes sobre o uso das *rêveries* do analista. É claro, eles escreveram textos separados a respeito de inúmeros outros temas.

relação às *rêveries* do analista, a partir da reunião das descrições do trabalho de Bion, faço a pergunta: *Bion era bioniano*?

De certo modo, o Capítulo 5 é o cerne do livro. Examina, em detalhes, os pontos de vista clínicos de Ogden, Ferro e dos Rocha Barros – suas semelhanças e diferenças. Há muitas surpresas aqui. O Capítulo 6 toma as conclusões do capítulo anterior destacando os problemas conceituais de como se tem usado *rêverie*.

No cerne do ponto de vista de alguns pós-bionianos sobre a *rêverie* está a crença de que ela é inteiramente construída a dois. O Capítulo 7 examina alguns problemas éticos dessa postura analisando a maneira potencial de diferenciar o que é a nossa reação idiossincrática a um paciente e o que é uma construção a dois empática. O Capítulo 8 tenta dar clareza conceitual às ideias sobre *rêveries* do analista examinado seus níveis de representação psíquica e, por conseguinte, seu potencial transformador. Qualquer que seja o modo de descrevê-lo, o cerne do conceito de *rêverie* de Bion é sua possibilidade de transformar estados mentais mais primitivos em pensamentos potencialmente representáveis.

2. Três definições

Para pessoas que tiveram interesse apenas passageiro na obra de Bion e dos pós-bionianos, eis aqui três definições de termos que podem não ser familiares. As definições originais de Bion são na maioria das vezes elípticas, levando à apreensão de um *sentido de alguma coisa*, não a uma caracterização mais específica.

Elementos beta – Bion descreveu os elementos beta como *impressões sensoriais* relacionadas à experiência emocional. A maioria dos analistas incluiria os elementos beta entre os estados mais primitivos. "Do ponto de vista clínico, o objeto bizarro, impregnado de características de superego, é o que mais se aproxima de proporcionar uma percepção que corresponda ao conceito de elemento beta" (Bion, 1962, p. 26). Na elaboração de Ogden (2003),

> *elementos beta não podem ligar-se uns aos outros para criar significado. Podem ser comparados aproximadamente ao "chuvisco" de uma tela defeituosa de televisão, na qual nenhum brilho visual, ou grupo de brilhos, pode ser ligado a outros brilhos para formar uma imagem ou*

> *mesmo um padrão significativo. Os elementos beta servem apenas para evacuação ou armazenamento – não como memória, mas como ruído psíquico. (p. 17)*

Elementos alfa – na explicação de Elias da Rocha Barros (2000),

> *Bion formulou a hipótese de uma função que denominou* função alfa, *destinada a transformar elementos beta em elementos alfa, que mais tarde constituem* a primeira forma de representação *da experiência emocional. Assim, as emoções assumem a condição de serem pensáveis, mas ainda não seriam pensamentos. Poderíamos caracterizar essas emoções como protoideias. Se esses elementos beta não se transformarem e adquirirem uma forma pensável, segundo Bion (1963), ou serão expulsos do sistema por um processo projetivo de natureza evacuativa ou se tornarão sintomas somáticos. (p. 1008)*

Função alfa – em nenhum lugar a natureza elíptica das definições de Bion fica mais óbvia que em sua definição de função alfa.

> *Dá-se o nome de função alfa a uma abstração usada pelo analista para descrever uma função, cuja natureza ele não conhece, até sentir-se em condições de substituí-la por fatores para os quais sente que obteve evidência no curso da investigação em que emprega a função alfa. (Bion, 1962, pp. 25-26)*

Ogden (2003) passou a descrevê-la como um

> *conjunto ainda desconhecido de operações mentais que, reunidas, transformam impressões sensoriais brutas*

> *("elementos beta") em elementos de experiência (denominados "elementos alfa") passíveis de serem armazenados como memória inconsciente de uma forma que os torna acessíveis para criar as ligações necessárias para o trabalho psicológico inconsciente, bem como pré-consciente e consciente, como sonhar, pensar, reprimir, lembrar, esquecer, fazer o luto,* rêverie *e aprender com a experiência. (pp. 17-18)*

Não comentarei essas definições, nesse momento, pois prefiro discuti-las no contexto mais amplo das *rêveries* do analista.

3. Definição de *rêverie* de Bion: revisão sucinta

Apesar de os bionianos se referirem a Bion (1962) como a fonte psicanalítica do termo *rêverie* e de seu significado, os termos *rêverie e* (o que muitas vezes é equiparado a *rêverie*) *sonhos de vigília, na verdade, foram usados pela primeira vez* por Breuer (1893) na descrição de seu trabalho com Anna O. "Ela mergulhou em um *sonho de vigília* vislumbrando uma cobra negra vindo da parede em direção ao doente para mordê-lo" (p. 38). Breuer denominou-o "estado hipnoide", descrevendo-o como uma espécie de auto-hipnose, que ocorria de modo espontâneo, alternando com estados de vigília mais habituais. Passou a descrever de que modo as *rêveries* estavam relacionadas ao estado hipnoide ao afirmar: "Com relação a ela, parece certo que a auto-hipnose teve seu trajeto pavimentado por *rêveries* habituais" (pp. 217-218). Breuer e Freud (1893) equipararam *devaneios* a *rêveries* e os ligaram aos estados hipnoides, que "ao que parece, muitas vezes, surgem de devaneios, bastante comuns até em pessoas saudáveis" (p. 13). Assim, algum tempo antes de Bion introduzir o termo *rêverie*, já existia uma longa história psicanalítica associada a ele. Além disso, o estado mental descrito como *rêveries* por Freud e Breuer era muito parecido com os estados mentais identificados como *rêveries* por bionianos. Antes de Bion, grande parte da literatura sobre *rêverie* girava em torno de outras funções para as quais ela poderia servir (por exemplo, defensiva) e de suas semelhanças e diferenças com outros mecanismos psíquicos (por exemplo, dissociação). Embora alguns reconhecessem que as *rêveries* também poderiam ocorrer no analista, isso na maioria das vezes era identificado como um problema de contratransferência (Dickes, 1965).

No entanto, o que Bion introduziu foi o *vínculo da rêverie com a mente do analista* e, dessa maneira, abriu uma nova direção para como um analista pode compreender melhor seus pacientes. Mas a principal contribuição de Bion para definir *rêverie* é um trecho relativamente curto, de poucos parágrafos, em seu livro de 1962, *Aprender com a experiência*. Ogden (2003) questionou se "'definir' poderia sequer ser utilizado em relação ao pensamento e à escrita vagos, evocativos e em constante evolução de Bion" (p. 17). Por um lado, essa qualidade da escrita de Bion levou a interpretações criativas do que ele tentava elucidar, mas, por outro, levou a múltiplas definições e aos estados psíquicos subjacentes que representam. Como veremos, o resultado foi levar pós-bionianos importantes a definir *rêverie* de maneiras diferentes, ao mesmo tempo desconsiderando essas variâncias.

Com tudo o que se escreveu sobre *rêverie*, penso que vale a pena lembrar o que Bion disse sobre ela e, assim, citarei e refletirei acerca de duas longas citações que definem seus pontos de vista e de outros que se seguiram. Essas citações são a base sobre a qual foram edificados pontos de vista posteriores sobre *rêverie*.

Aprender com a experiência

> *Embora as dificuldades de penetrar na mente adulta em análise sejam grandes, são menores do que as de tentar*

penetrar na mente do bebê por hipótese especulativa; a investigação da rêverie *no adulto pode nos dar acesso a esse problema. Podemos deduzir a partir da* rêverie, *como a fonte psicológica de suprimento das necessidades de amor e compreensão do bebê, que tipo de órgão receptor psicológico é necessário para o bebê conseguir aproveitar a* rêverie *assim como é capaz, graças às capacidades digestivas do canal alimentar, de tirar proveito do seio e do leite por ele fornecido. Dito de outra maneira, supondo-se que a função alfa seja o que torna disponível para a bebê o que de outra forma permaneceria indisponível para qualquer outra finalidade que não fosse a evacuação como elementos beta, quais são os* fatores *dessa função que se relacionam diretamente com a capacidade de* rêverie *da mãe?*

Considera-se aqui que a capacidade de rêverie *da mãe é inseparável do conteúdo, pois claramente um depende do outro.* Se a mãe nutriz não conseguir permitir a *rêverie* ou se a *rêverie* for permitida, mas não estiver associada ao amor pela criança ou por seu pai, esse fato será comunicado ao bebê, apesar de ser incompreensível para ele. *A qualidade psíquica será transmitida aos canais de comunicação, aos vínculos com a criança. O que acontece dependerá da natureza dessas qualidades psíquicas maternas e de seu impacto sobre as qualidades psíquicas do bebê, pois o impacto de uma sobre a outra é uma experiência emocional sujeita, do ponto de vista do desenvolvimento do par e dos indivíduos que o compõem, à transformação pela função alfa. O termo* rêverie *pode ser aplicado a quase qualquer conteúdo. Desejo reservá-lo*

> *apenas para os tipos de conteúdo impregnados por amor ou ódio. Usada nesse sentido restrito,* a *rêverie* é o estado mental aberto à recepção de quaisquer "objetos" do objeto amado e, portanto, é capaz de receber as identificações projetivas do bebê, sejam elas sentidas pela criança como boas ou más. Em suma, a *rêverie* é um fator da função alfa da mãe. *(Bion, 1962, pp. 36-37, grifos nossos)*

Num trecho anterior de *Aprender com a experiência*, Bion escreve:

> *Para rever os termos usados até agora: (1) o ego é uma estrutura que, como Freud descreve, é um desenvolvimento especializado do id cuja função é estabelecer contato entre a realidade psíquica e a externa. (2) Dá-se o nome de função alfa a uma abstração usada pelo analista para descrever uma função,* cuja natureza ele não conhece, até sentir-se em condições de substituí-la por fatores para os quais sente que obteve evidência no curso da investigação em que emprega a função alfa. *A essa função corresponde um número de fatores, inclusive a função do ego que transforma os dados dos sentidos em elementos alfa. Os elementos alfa compreendem imagens visuais, padrões auditivos, padrões olfativos, e são adequados para serem empregados em pensamentos oníricos, pensamentos inconscientes de vigília, sonhos, barreira de contato, memória. Do ponto de vista clínico, o objeto bizarro, impregnado de características de superego, é o que mais se aproxima de proporcionar uma percepção que corresponda ao conceito de elementos beta. Mas o conceito de elemento beta inclui apenas impressões*

> *sensoriais, a impressão sensorial como se fosse uma parte da personalidade que vivencia o sentido. É preciso notar que é possível considerar a função alfa como uma estrutura, uma peça do aparelho mental que produz a barreira de contato. (pp. 25-26, grifos nossos)*

A partir dessas ideias, gostaria de destacar o seguinte:

1. Descreve-se que a função básica da *rêverie* é transformar elementos beta em elementos alfa como resultado da função alfa.
2. Os elementos alfa que Bion descreve são as funções de *percepção* do ego (olhos, ouvidos, nariz), geralmente voltadas para o mundo externo. *No entanto, esses órgãos de percepção geralmente não têm qualidades moduladoras por si mesmos.*
3. A *rêverie* é descrita como algo que precisa acontecer entre a mãe e o bebê, mas é uma reconstrução da análise do adulto.
4. A *rêverie* é descrita como o equivalente mental da "digestão", e é o resultado do amor da mãe, que consiste em sua capacidade de absorver todos os sentimentos do bebê.
5. A *rêverie* é considerada parte da *função alfa* da mãe, que continua sendo uma *abstração* até seus componentes poderem ser compreendidos.
6. Às vezes a função alfa é considerada uma *função* e outras uma *estrutura.*[1] *Um modo de observar as diferenças na forma como os pós-bionianos consideram a* rêverie *é alguns a considerarem função e outros a considerarem estrutura.*

---

1 Estrutura é um aparelho que exerce funções. Assim, na teoria de Freud, o ego é uma estrutura. Função é o trabalho realizado por uma estrutura. A partir dessa perspectiva, Bion parece utilizar a função alfa como uma estrutura com várias funções, sendo a *rêverie* uma delas.

7. Às vezes, a função alfa é considerada separada do ego e, outras, as funções do ego são consideradas parte do funcionamento alfa.

Em suma, ao usar o termo *rêverie* Bion tentava captar algo essencial ao processo psicanalítico e ao desenvolvimento do bebê. Não acho que na época ele pudesse definir mais do que definiu, nem acho que estivesse predisposto a definir um conceito para os outros, antes deixando que eles o definissem por si mesmos. Assim, ficamos com um conceito (ou seja, *rêverie*) assinalando um evento que é *indefinido enquanto acontece e faz parte de um processo abstrato (ou seja, função alfa) que também pode ser uma estrutura. Isso levou a interpretações criativas, bem como a uma infinidade de significados.* Como ficará evidente depois, Bion não parecia pensar em *rêveries* ao discutir o trabalho clínico de outras pessoas, e seus seguidores tinham suas próprias opiniões a respeito da *rêverie*.

Um modelo anterior

Como o leitor verá, os pós-bionianos consideram que seu modelo virou o modelo freudiano-kleiniano de cabeça para baixo. Em vez de tentar trazer o que é inconsciente para a consciência, o modelo bioniano passa a ser um modelo que torna *o consciente mais inconsciente*. No entanto, o modelo freudiano-kleiniano sempre procurou maneiras de enriquecer a experiência consciente e pré-consciente, buscando aumentar seu contato com o que era inconsciente. Já em 1936, Ernst Kris delineou o modelo pós-bioniano ao introduzir o termo *regressão a serviço do ego*. Investigarei depois de que maneira Kris descreveu a regressão controlada do ego ao pensamento do processo primário que leva ao processo criativo evidente nas artes, mas também em todos os elementos da vida, incluindo a formação pré-consciente e inconsciente de símbolos. Depois, os psicólogos do ego aplicaram isso à análise.

Como acho que o leitor observará, o conceito de *regressão a serviço do ego* poderia muito bem servir de base para as *rêveries* do analista. Conjecturei de modo particular se a formação de Bion na escola kleiniana levou-o a uma tendência a desconsiderar as explicações florescentes provenientes dos psicólogos do ego. Essa visão crítica a respeito da psicologia do ego foi característica da maior parte dos psicanalistas na Europa e na América Latina.

4. Bion era bioniano?

Apesar de ser difícil encontrar exemplos das descrições de Bion de seu trabalho psicanalítico com pacientes,[1] ele conduziu seminários clínicos em muitos lugares, e de alguns deles temos anotações ou gravações. Temos também uma discussão recentemente publicada por um ex-paciente do seu trabalho com Bion (Junqueira de Mattos, 2016). Essas fontes serviram de base para a abordagem da questão que dá título a este capítulo sobre as *rêveries* do analista. A resposta à pergunta sobre a maneira de Bion usar a *rêverie* na clínica é direta.

1. *Não há indicações de Bion ter trabalhado com a sua* rêverie *ou a do analista em quaisquer dos seminários clínicos ou em seu modo de trabalhar descrito por Junqueira de Mattos.*

---

1 Enquanto eu fazia a edição final deste livro, foi publicado um manuscrito anteriormente perdido que incluía uma discussão concisa de Bion sobre um caso clínico (Aguayo, Pistiner de Cortinas & Regeczkey, 2018, pp. 67-74). Ainda que seja um trecho fascinante da história, a maneira de ele trabalhar com esse paciente muito difícil só me confirmou o que já escrevi neste capítulo, portanto, não vou discuti-lo.

2. Em toda a sua obra, a ênfase de Bion é no que o paciente está escondendo. Bion entende que o paciente está tentando resolver algo que parece uma situação desesperadora e assustadora, mas as palavras que usa para descrevê-la ressaltam uma tentativa agressiva de *enganar* o analista, o mundo e a si mesmo. Ao ler seus comentários na discussão de casos, seu método parecia mais próximo da perspectiva kleiniana da época, com principal foco na *agressividade na transferência*, com poucas evidências de interpretações da vida libidinal. De fato, Ferro (Ferro & Nicoli, 2017) acreditava que "*do ponto de vista clínico, Bion não tem tanto valor em comparação ao que teorizou*, no sentido de que era um kleiniano estritamente ortodoxo ao trabalhar: assim lhe foi ensinado e assim ele fazia" (p. 66).

Ao procurar vislumbrar como Bion poderia ter usado suas *rêveries*, fiquei fascinado ao observar seu trabalho na clínica. O restante deste capítulo examina minhas impressões da sua abordagem clínica, ainda que a partir da minha perspectiva pessoal

Os seminários clínicos

Levine e Reed (2015) descrevem seu ponto de vista sobre os escritos clínicos de Bion da seguinte maneira:

> *Apesar de todo o seu brilhantismo, os escritos de Bion visavam mais à preparação da mente do analista para o encontro com o paciente e não continham extensos exemplos clínicos ou recomendações específicas de técnica. Eram o que se poderia denominar abordagem estratégica/conceitual para a compreensão da relação analítica. (p. 449)*

Não obstante, temos o pensamento de Bion sobre material clínico em um dos seminários de Los Angeles de 1967 (Aguayo & Malin, 2013) e nos seminários clínicos e supervisões ministrados no Brasil em 1975 e 1978 (Bion, 1987). Apesar de eu me concentrar nesses seminários, seus seminários italianos (Bion, 2005) cobrem um terreno semelhante. Em geral, esses seminários mostram o que Levine e Reed sugerem – ou seja, ele dedica-se principalmente a preparar a mente do analista. Embora observar desse modo seja vantajoso, também pode ser considerado um vislumbre plausível de sua maneira de pensar o trabalho em uma sessão de análise.

Conquanto seja necessário cautela ao enxergar o que um analista ensina como sinônimo de seu estilo de praticar a psicanálise, encontrei nesses seminários certas consistências na maneira de Bion abordar o material de caso que podemos levar em consideração.

1. Como observado anteriormente, *o mais impressionante é que não há indicação de que Bion trabalhou com sua* rêverie *ou a do analista em nenhuma dessas sessões.*

2. Na maior parte de seus seminários, Bion se concentra na questão do caráter, e as perguntas sugeridas são a respeito de descobrir a psicose (Brasil) e a criminalidade (Los Angeles).

3. Como observado anteriormente, a ênfase de Bion nesses seminários é sobre o que o paciente está escondendo. Bion entende que o paciente está tentando resolver o que parece uma situação desesperadora e assustadora, mas as palavras usadas para descrevê-la ressaltam a tentativa agressiva de *enganar* o analista, o mundo e a si mesmo. Enfoca principalmente a *agressividade na transferência.*

4. Existem diferenças significativas em seu modo de responder à escuta do material clínico nesses dois diferentes períodos. Por exemplo, no seminário de Los Angeles, ele escuta na íntegra

anotações extensas do processo, com apenas uma pergunta ocasional. Nos seminários brasileiros, o apresentador fazia uma descrição inicial do paciente (ou seja, poderia ser a forma de o paciente entrar no consultório, as palavras iniciais ou um curto histórico), e Bion começava a questionar o apresentador ou sugerir o que estava inconsciente. Embora seja impossível saber o que Bion estava pensando na época, *analisarei essa observação e a próxima a partir da posição de que ele pode ter tido ideias diferentes sobre o que gostaria de comunicar nesses diferentes seminários.*

5. No seminário de Los Angeles, quando perguntado sobre o que diria ao paciente, suas respostas às vezes parecem o que se poderia esperar de um freudiano convencional, trabalhando segundo o modelo estrutural.[2] Nos seminários brasileiros, seu método é consistentemente de maior confronto, tanto com os apresentadores como no que ele imagina que seja possível dizer ao paciente.

Para entender os pontos de vista de Bion, especialmente em relação à psicose, é importante lembrar que seu modelo da mente não incluiu a mudança de Freud para o modelo estrutural ou segunda tópica (1923, 1933), e ele permaneceu focado no impulso principal dos artigos "O inconsciente" (Freud, 1915) e "Formulações sobre os dois princípios do funcionamento mental" (1911). Nesses artigos, Freud concentrou-se no pensamento dos processos primário e secundário, segundo o ponto de vista de que o pensamento inconsciente é equiparado ao pensamento de processo primário e o que é pensamento consciente iguala-se ao pensamento de processo secundário. No entanto, é digno de nota que na época em que Freud

---

2 Em sua revisão desses seminários, Kernberg (2017) elogiou muito as inovações elaboradas por Bion (por exemplo, abordar cada sessão sem memória nem desejo; a necessidade de aceitar não compreender etc.).

(1923) escreveu *O ego e o id*, os conceitos de processo primário e processo secundário praticamente desapareceram. Em 1933, Freud, após reconhecer *partes inconscientes do ego e do superego*, finalmente concluiu que o sistema Ics passou cada vez mais "a significar *uma região mental em lugar da qualidade do que é mental*" (p. 71, grifos nossos). Assim, no novo modelo de Freud havia o id, o ego e o superego e qualquer parte deles poderia ser inconsciente. Não obstante, ser inconsciente não estava necessariamente associado ao tipo de pensamento que antes era rotulado como *processo primário*. A visão freudiana de psicose passou a ser associada a *déficits estruturais do ego*, o que o levava a ser inundado por elementos inconscientes do id. Para um freudiano, o pensamento psicótico surgiria por fim. Bion, por sua vez, aparentemente desconfiava do pensamento de processo secundário e parecia procurar suas raízes no processo primário.

Os seminários no Brasil

Optei por começar com esses seminários pois temos o benefício suplementar de que um caso que considero demonstrar o que era *característico do método de Bion nesses seminários* também foi discutido por Ogden (2007b). Dessa maneira, o leitor não terá apenas minha tentativa de compreender o método de Bion, mas também a compreensão de Ogden e a minha a partir de nossas perspectivas pessoais. Como será visto, observo o que Bion disse nesses seminários a partir de duas perspectivas. A primeira é o que Bion pode estar tentando comunicar *por meio do que os participantes vivenciam do que ele disse*. Em segundo lugar, analiso o que Bion diz como exemplo de sua técnica clínica, e a discuto a partir do meu ponto de vista. Ogden destaca o que considera uma tentativa de Bion de ajudar os membros do seminário a *compreender* o estado psicótico que o paciente nega.

Material clínico

O apresentador começa com um breve resumo histórico sobre um homem de 38 anos, economista, em análise há um ano. Menciona então que esse paciente tem alguns "aspectos ritualísticos" (Bion, 1987, p. 141). Bion pergunta acerca desses comportamentos que sugerem ritual, e o apresentador descreve que o paciente entra mecanicamente, começando sempre da mesma forma: "Muito bem, doutor", e depois usa certas expressões como "hoje eu trouxe alguns sonhos para você" (p. 141), ou "quero acreditar que vamos trabalhar bem hoje" (p. 141).

Ogden e eu reagimos da mesma maneira quando Bion intervém imediatamente: "Por que ele diz que são sonhos?" (p. 142). Ogden (2007b) caracteriza essa como uma das perguntas *estranhas* de Bion. De fato, nesses seminários, Bion muitas vezes ouve um fragmento do início de uma sessão e imediatamente faz uma pergunta. É raro que o material do apresentador prossiga depois desses momentos iniciais.

Bion continua:

> *Em geral não dizemos a um estranho: "Tive um sonho". Então, por que o paciente procura um psicanalista e diz que teve um sonho? Eu poderia me imaginar dizendo a um paciente: "Onde você esteve ontem à noite? O que você viu?". Se o paciente me dissesse que não viu nada – ele apenas foi para a cama –, eu diria: "Bem, ainda quero saber aonde você foi e o que viu". Se o paciente dissesse: "Ah, bem, eu tive um sonho", ainda assim eu gostaria de saber por que ele diz que foi um sonho. (p. 142)*

Após ler isso, pensei: "Por que um paciente não começaria sua sessão de análise dizendo que teve um sonho?", já que o paciente está conversando com seu analista, alguém provavelmente interessado em sonhos, não com um estranho? Ao tentar entender por que Bion procederia dessa maneira, pareceu possível que estivesse tentando chegar ao núcleo psicótico do qual o paciente se defende por meio do comportamento ritualístico. É possível considerar que Bion esteja enfatizando a conscientização do inconsciente, e que o analista precisa evitar cair em suposições que *mantenham limites firmes entre processos conscientes e inconscientes*. Como Ogden (2007b) observa: "o paciente está tentando convencer o analista de que existe apenas um estado – estar acordado –, para que paciente e analista possam concordar que o paciente não é psicótico e está simplesmente relatando o que percebe em estado de vigília" (pp. 1197-1198).[3]

Outra maneira de pensar na "estranha" pergunta de Bion é ele não estar falando do paciente, mas *ao grupo de analistas*. Ou seja, pode estar desafiando o grupo a repensar os conceitos-padrão para compreender melhor o funcionamento do núcleo psicótico de cada paciente. Em alguma parte da psique psicótica não há diferença entre estados oníricos e de vigília. Portanto, ele desafia o grupo a se perguntar: "O que é um sonho?", "O que é estar acordado?". Dessa forma, quando o paciente está em estado psicótico e diz: "Eu tive um sonho", o analista pode manter em sua mente a pergunta: "Terá sido um sonho ou um delírio?".

Minha reação pessoal ao ler o que Bion disse foi uma sensação de *deslocamento*. Rapidamente me perguntei: "Quem é o psicótico, Bion ou o paciente?". Ele diria realmente essas coisas a um paciente? Portanto, minha percepção do que era real ficou abalada, ao espelhar o estado psicótico e a mente do analista lidando com um núcleo psicótico. Pude perceber nisso de que maneira o método de ensino de Bion poderia ser útil. Por outro lado, eu consideraria

3 Isso se baseia na visão de Bion de que a parte psicótica da personalidade mostra-se na negação do sonhar inconsciente.

que é difícil confirmar a exatidão do ponto de vista dele (ou seja, o paciente é psicótico) sem ouvir mais nada do paciente. Parece-me que o analista gostaria ao menos de ouvir a música e as palavras do sonho antes de saber se seria ou não um sonho no sentido bioniano. Além disso, penso que o questionamento ativo de Bion ao paciente seria contrário ao desenvolvimento da *rêverie*, ou à observação das defesas contra ela. Parece-me que o desenvolvimento da *rêverie* exigiria que *analista* e paciente vagassem para onde quer que suas mentes os levassem. O que Bion apresenta como modelo para o analista é o analista como detetive, desvendando as maneiras pelas quais o paciente está tentando evitar seu inconsciente, como se isso fosse um processo patológico em si e não uma reação inevitável à ameaça de o inconsciente[4] (ou a mente psicótica) tornar-se consciente. Em suma, como veremos, não parece haver nada na abordagem de Bion a esse caso que se aproxime de uma visão pós-bioniana em que o analista use suas *rêveries* ao trabalhar com um paciente. Seria possível sugerir que é a psicose do paciente, e a evitação do analista, que leva Bion a sugerir que se trabalhe dessa maneira. No entanto, a abordagem de Bion nesse caso é como seu trabalho com a maioria dos casos a ele apresentados no Brasil. Pode ser que Bion, trabalhando intuitivamente, tenha farejado a psicose antes que muitos chegassem a pensar nesse diagnóstico. Com certeza, concordo que há algo na apresentação do paciente que merece análise.

A compreensão de Ogden

Ogden (2007b), respondendo à pergunta de Bion ao apresentador: "Por que ele diz que são sonhos?", escreve:

---

4 Conforme visto a partir da descoberta posterior de Freud de que a causa das defesas é o perigo psíquico (Freud, 1923, 1926, 1933).

> *Bion corta imediatamente para o cerne do que acredita ser o problema emocional para o qual o paciente pede ajuda ao analista de maneira inconsciente: o aspecto não psicótico do paciente reconhece que o aspecto psicótico de si domina sua personalidade e, por conseguinte, não pode sonhar. Com sua pergunta, Bion está sugerindo que, na medida em que o paciente é psicótico, não consegue diferenciar sonho de percepção da vigília, ou seja, não consegue dizer se está dormindo ou acordado. Logo, o paciente (para proteger-se dessa conscientização assustadora) finge ser uma pessoa interessada em sonhos. (p. 1197)*

Em resposta às perguntas que Bion disse que faria ao paciente (por exemplo, "Onde você estava ontem à noite?"), Ogden responde:

> *Desse modo, Bion está contando para a parte não psicótica da personalidade do paciente sua compreensão de que o paciente não sabe quando está acordado e quando está dormindo. Assim, quando o paciente lhe diz que foi para a cama, Bion trata o "sonho" como uma experiência que tem todas as qualidades de experiência da vida de vigília. Bion continua: "Se o paciente dissesse: 'Ah, bem, tive um sonho', então eu gostaria de saber por que ele diz que foi um sonho" (1987, p. 142). Ao não aceitar que o paciente use a palavra "sonho" (que serve para fugir da verdade), Bion está ajudando o aspecto não psicótico da personalidade do paciente a pensar (o que envolve enfrentar a realidade da hegemonia vigente do aspecto psicótico da personalidade dele). Bion está afirmando implicitamente sua crença de que esse reconhecimento*

> *da verdade do que está ocorrendo influencia o equilíbrio de poder entre os aspectos psicóticos e não psicóticos da personalidade. (p. 1198)*

Do ponto de vista de Ogden, Bion confrontar o paciente é necessário para ajudar a parte não psicótica da personalidade a tomar consciência da parte psicótica. No entanto, no final de sua discussão sobre o método de Bion, Ogden revela o seguinte: "Embora eu admire muito inúmeras qualidades do estilo analítico de Bion trazidas à vida nos 'Seminários clínicos', não considero que seu estilo[5] seja um modelo a ser imitado" (p. 1199). Ogden não detalha o que quer dizer, mas deixa o leitor com uma das afirmações enigmáticas de Bion (1987): "Meu modo de fazer psicanálise não tem importância para ninguém a não ser para mim, mas pode lhe dar uma ideia de como *você* faz análise e isso *é* importante" (p. 224).

Em minha opinião, é difícil imaginar qual seria a utilidade de confrontar o paciente que temerosamente se defende do seu pensamento psicótico com o que mais o amedronta. Assim, duvido da sabedoria sugerida por Ogden de que "o reconhecimento da verdade influencia o equilíbrio de poder entre os aspectos psicóticos e não psicóticos da personalidade". Em minha opinião, uma verdade igualmente poderosa para esse paciente, conforme apresentada por Ogden, é que ele tem pavor de saber a verdade (se for verdade que ele é psicótico). *Essas abordagens diferentes (isto é, interpretar diretamente o que o paciente teme* vs. *elaborar as defesas) nunca foram resolvidas de maneira satisfatória nas ideias sobre técnica em psicanálise* (Busch, 1999; Paniagua, 2001).

---

5 Nesse mesmo artigo, Ogden diferencia técnica analítica, que ele define como baseada em uma prática desenvolvida pela genealogia do analista, de estilo, baseado nas experiências e na personalidade do analista, apesar de também considerar que técnica e estilo são inseparáveis.

A abordagem de Bion nos seminários brasileiros parece muito diferente de uma anotação de 1959 em *Cogitações* (Bion, 1991), em que ele parece ter mais consciência da necessidade de o paciente entender a interpretação em lugar de ser bombardeado com perguntas.

> *A tarefa do analista consiste em fazer a intuição e a razão lidarem com uma experiência emocional entre duas pessoas (uma das quais é ele)* de tal maneira que não apenas ele, mas também o analisando tenha um ganho em compreensão . . . e o faça pela apreciação da evidência para a qual o analista está chamando a atenção no curso de suas interpretações. *Não basta que o analista esteja convencido de que há evidências acerca da verdade de suas interpretações; ele deve ter disponíveis provas suficientes para dar ao analisando a oportunidade de ser persuadido, por sua razão, da coerência da interpretação. (p. 91, grifos nossos)*

De fato, há momentos em que o modo de pensar de Bion mais se parece com o que descrevi (Busch, 1993) como o analista interpretar "o que está na vizinhança", metáfora para a abordagem da interpretação na psicologia do ego. Em seu artigo sobre "Evidência", Bion (1976), após ter feito uma série de associações com a imagem de um paciente, escreveu: "Ainda estava perdido porque não tinha ideia do que poderia dizer que revelasse uma interpretação, *e que também fosse compreensível para o paciente*" (p. 313, grifos nossos). Nisso, Bion parece dar eco à advertência de Freud (1910) em seu artigo sobre "Psicanálise selvagem", em que afirmou:

> *Se conhecer o inconsciente fosse tão importante para o paciente quanto imaginam as pessoas inexperientes*

> *em psicanálise, bastaria ouvir palestras ou ler livros para se curar. Tais medidas, no entanto, têm tanta influência sobre os sintomas da doença nervosa quanto a distribuição de cardápios em tempos de escassez tem sobre a fome . . . Contudo, uma vez que a psicanálise não pode prescindir dessa informação, estabelece-se que isso não deva ser feito antes de se preencherem duas condições.* Em primeiro lugar, por meio de preparação, o paciente deve avizinhar-se por si próprio do que reprimiu e, *em segundo lugar, deve ter formado uma ligação (transferência) suficiente com o médico para que seu relacionamento emocional com ele impossibilite uma nova fuga. (pp. 225-226, grifos nossos)*

Com isso, Freud está sugerindo que o paciente deva conseguir fazer a ligação entre o que ele tem consciência de pensar e dizer e a intervenção do analista. Não importa que a leitura do inconsciente feita pelo analista seja brilhante, não será útil até poder ligar-se a algo que o paciente tenha conscientizado de modo pré-consciente. Em algum lugar ao longo do caminho, parece que Bion desviou-se dessa postura.

Outras reflexões sobre o seminário brasileiro

Voltando ao seminário brasileiro, o apresentador diz que o paciente é economista e, em associação aparente, menciona que o paciente tira férias antes e depois do apresentador, e que se esqueceu de enviar o cheque das consultas anteriores. Surpreendentemente, Bion se pergunta por que o paciente se autodenomina economista, sugerindo que economistas deveriam saber como pagar contas. Ele denomina isso um "peculiar estado de coisas" (1987, p. 143).

O apresentador havia sugerido ao paciente que ele estaria preocupado demais consigo mesmo para se lembrar da conta. O paciente disse que não estava preocupado consigo, estava mais preocupado com a esposa e os filhos. Bion ressalta que considera peculiar o paciente estar falando de "fatos" a respeito dos quais nada podemos fazer e que nada têm a ver com o que um analista faz. Ele continua dizendo: "se não há nada que o incomode – e sabemos que não há porque ele disse –, então esses 'fatos' nada têm a ver conosco; nada podemos fazer sobre sua esposa e filhos, e nada podemos fazer por ele porque ele está bem" (p. 143). Bion então sugere o que ele diria: "Se o que você diz está correto, eu me pergunto por que veio até mim. Deve haver alguma razão pela qual você está gastando tempo e dinheiro para vir me consultar. Poderia dizer-me o que pensa que eu sou, ou o que faço?" (p. 143).[6]

Depois de ler isso, peguei-me novamente pensando que a abordagem de Bion era "estranha". Só porque alguém é economista, isso significa que ele não tem um inconsciente que o leva a esquecer de pagar sua conta? Além disso, à medida que o analista tenta ter empatia com as preocupações do paciente sobre si mesmo como a causa do atraso no pagamento da conta, fiquei mais impressionado com o modo como o paciente não conseguiu permitir que a empatia do analista o afetasse. Enquanto Bion critica o paciente por usar fatos, e com certeza todos sabemos o efeito mortífero que essa defesa pode ter, *ele acaba tratando o que o paciente está dizendo como um fato, e não como uma reação à empatia do analista.*

Resumindo o método de trabalho de Bion nos seminários brasileiros, pareceu-me que:

1. Há pouca evidência de discussão de *rêveries* na abordagem de Bion ao material clínico.

6 Esse seminário continua, mas penso que isso dá uma boa noção do pensamento de Bion nesses seminários.

2. Nesses seminários, Bion enfatiza que o analista não deve ser iludido a pensar que uma parte aparentemente não psicótica do paciente está apresentando o que parece ser um derivado do inconsciente (por exemplo, eu tive um sonho), quando é provável que o paciente não consiga distinguir sonho de realidade. Aqui ele faz uma distinção mais nítida que a dos pós-bionianos que descrevem os sonhos de vigília (*rêveries*) como uma parte da vida psíquica cotidiana e uma ferramenta importante para o psicanalista compreender o que talvez não consiga ser verbalizado.
3. Como é típico de seu pensamento kleiniano da época, sua principal ênfase está na ideia de *o paciente tentar fazer algo ao analista* (por exemplo, convencer o analista de que não é psicótico).
4. Sua técnica parece focada em *confrontar* o paciente com o que ele está tentando fazer ao analista ou à análise.
5. As interações de Bion com os apresentadores me fizeram lembrar as brincadeiras paralelas das crianças, em que duas crianças brincam lado a lado, mas não interagem.[7]

Os seminários de Los Angeles

Nesses seminários, cerca de dez anos antes dos seminários no Brasil, tem-se a impressão de um Bion mais quieto e contemplativo, observado de modo mais óbvio na sua capacidade de ficar sentado e escutar sem interrupções o analista relatar a sessão. Não obstante, gostaria de destacar novamente que *Bion não questiona o analista*

7 "Embora a atividade da criança seja influenciada pelas pessoas ao seu redor, na brincadeira paralela não há qualquer interação direta entre a criança e outras crianças" (Horner, Whiteside & Busch, 1976, p. 462).

apresentador sobre quaisquer rêveries, *nem relata as suas*. Mais uma vez impressiona sua ênfase na agressividade no material do paciente, enquanto ignora o que aparenta ser uma preocupação sexual com a relação anal. Embora essa preocupação possa mascarar um elemento de agressividade, é importante fazer essa distinção, pois não se pode presumir que seja inevitavelmente agressivo.

Analisarei agora o material clínico e o estilo de Bion ao abordá-lo, e depois relatarei o que ele diria ao paciente, junto com algumas ideias que surgem nele por meio da postura do analista ao escutar o material do paciente.

O paciente apresentado era um empresário de sucesso que estava em análise havia um ano e meio. Procurou análise por conta de uma depressão em curso, para a qual fumava maconha e tomava barbitúricos. Ele descreveu que agia de maneira sedutora com clientes e funcionárias, ficando entusiasmado ao receber de volta uma reação intensa, mas culpado no caso de a mulher querer prosseguir. A maior parte da sessão foi ocupada com um sonho, em que havia atividade criminosa acontecendo.

O sonho começa com o paciente em um beco, onde trava conhecimento com alguém que mora nas proximidades, ou com a esposa dessa pessoa. O paciente observa atividades criminosas suspeitas acontecendo no beco. O homem que morava perto era um político que concorria a dois cargos estaduais. O paciente então viu um personagem de aparência suspeita à espreita. Em seguida, o paciente relata que no sonho ele e sua esposa voltaram ao beco, onde havia alguns homens pretos que observavam sua esposa de forma sexual e ameaçadora. Ele e a esposa começaram a correr e encontraram uma loja dirigida por mulheres pretas, a quem ele pediu para chamarem a polícia. Sentiu-se confuso se deveria esperar a polícia ou voltar para seu carro, que estava no beco.

O paciente fez associações com o fato de sentir-se deprimido e ansioso ao procurar análise, e de se identificar com o político.

O político vivia perto da sua gente, mas era distante deles. Ele então lembrou-se de que no sonho alguns policiais estavam ali supervisionando obras de demolição, o que o surpreendeu, e disse que gostava dessa área incomum de favela.

O analista disse ao paciente que ele se vê como a área de favela, mas havia também um lado grandioso de si em condições de concorrer a dois cargos ao mesmo tempo. O paciente fez associações com fantasias anais (deixadas indefinidas), às quais se referira anteriormente sem muitos detalhes. O analista reconheceu, no seminário, que no passado alguns colegas sugeriram sua tendência a se afastar desse tipo de fantasias.

O paciente fez associações com uma conversa com um analista que tinha lhe contado a respeito de um paciente que estava em confusão porque sua analidade não tinha sido analisada, e aí o paciente mencionou o Homem dos Ratos e fantasias semelhantes de que ratos subiam em seu ânus. Prosseguiu falando de médicos que acabam se decepcionando em seu desejo de salvar pessoas que representam a si próprios, e acabam se cuidando voltando-se às drogas.

Em sua discussão do caso, Bion se concentra principalmente na cisão que o paciente faz do seu lado criminoso, e na tentativa de se adaptar. Embora haja uma franqueza revigorante no modo de Bion falar de suas impressões sobre o paciente, também há um lado áspero. Eis um resumo do que ele diz.

Bion afirma que, ao passar despercebido em sua vida e seu trabalho, "usando um disfarce" para se encaixar com seus pares, o paciente também se livra das consequências de todo tipo de "atividades delinquentes e pior, seja lá o que pior signifique", apesar de se passar por respeitável. Bion sugere que isso também ocorre na análise. Nesse sentido, Bion observa que o paciente demonstra "uma hostilidade essencial" ao apresentador, a psicanalistas e ao mundo analítico em geral. Bion diz que o paciente acredita que o apresentador e seus colegas psicanalistas constituem "uma classe criminosa em que você não pode ser detectado", isto é, em que um analista inadequado pode se esconder passando por analista competente, e que a análise do sr. X é um "esconderijo da vida". Finalmente, Bion sugere que se o sr. X "se misturar com a multidão, se encontrar o ambiente certo, não se perceberá que ele é delinquente" (Aguayo & Malin, 2013, p. 116).

Parece haver concordância geral com Bion entre os participantes do seminário, e o analista acrescenta dados confirmatórios do passado do paciente que incluíam numerosos casos de adultério e situações em que bebia cerveja até tarde da noite, masturbava-se e comia os alimentos preferidos da sua infância.

Bion entende que por trás do comportamento do paciente há um sentimento de desespero. Ele descreve uma "análise feita em casa" em que "se arquitetam fatos para explicar por que você se sente como se sente" (p. 122).

> *Embebedar-se. Isso explica por que você vê coisas, e por que tem ideias tão estranhas. Você só está bêbado, e todos sabem que é isso que acontece com você quando você está bêbado. Mas se não estivesse bêbado e visse a mesma coisa, seria terrível. (p. 122)*

Bion sugere que, se você não cometer um crime, os sentimentos de culpa seriam terríveis, porque não há nada que você possa fazer a esse respeito.[8] Contudo, se você cometer um crime, então você pode parar, "ou pode levá-lo para um analista, e fazer o analista analisá-lo e assim por diante" (p. 122).

---

8 Freud (1916) mencionou uma questão semelhante na descrição de "criminosos por sentimento de culpa" (p. 332).

Na análise que Bion faz da sessão, as preocupações anais das associações do paciente desaparecem em segundo plano. Pode-se argumentar com facilidade que esse sonho versa sobre o conflito do paciente sobre penetrar analmente uma mulher ou um homem, e ser penetrado. A atividade criminosa que ocorre em um beco pode ser uma primeira referência a esse tópico, junto com os homens pretos no beco que estão fazendo comentários sexuais sobre a esposa do paciente (deslocamento), e primeiro encontrar segurança entre as mulheres negras, mas depois ficar confuso se deve ou não permanecer. Seu fascínio por essa favela e o político concorrendo a dois cargos (ou seja, orifícios) também sugerem sua preocupação sexual com a relação anal tanto como quem a recebe quanto como quem a realiza.

Bion relata duas coisas que poderia dizer ao paciente, que surpreendentemente se encaixam bem no modelo freudiano *de elaboração, baseado na análise das resistências* (Freud, 1914). Além disso, ele analisa a resistência com base nos fundamentos da segunda teoria da ansiedade de Freud (1926) (isto é, ansiedade causada por ameaça ao ego), que, como observei, é o elemento central na perspectiva da psicologia do ego, e leva à necessidade de analisar o perigo para o ego (Busch, 1995, 1999, 2014). Aqui está a abordagem de Bion:

> *Penso que a abordagem mais promissora para isso seria chamar sua atenção para o fato de que ele está novamente me dizendo algo que mostra como ele está bem. E, ao mesmo tempo, como está assustado que sua situação não possa se manter. (Aguayo & Malin, 2013, p. 125)*

No que descrevi como abordagem psicológica essencial do ego para as resistências, vemos que Bion primeiro identifica a resistência[9]

---

9 Nisso descrevo a resistência à conscientização de algo assustador. Alguns tenderiam a chamar de defesa, do que eu não discordaria. A diferença entre esses dois termos na situação clínica precisa ser esclarecida.

(ou seja, mostrar como ele está bem), depois como o paciente está assustado e, finalmente, do que ele tem medo.

Em outro momento, Bion interpreta a tendência do paciente à cisão esclarecendo de que maneira a defesa é expressa e, em seguida, descrevendo o medo subjacente.

> *Portanto, penso que eu tenderia a dizer algo desse tipo. Você estava falando comigo como se fosse [um gerente de negócios]. Além disso, sabemos que você tomou a precaução de se qualificar como [gerente de negócios]. Assim, o disfarce está completo. Mas não é isso que incomoda. O que está incomodando você aqui é que eu, ou alguém, perceberá que você não é um. (pp. 126-127)*

Bion prossegue explicando que não esperaria muito para apontar o pavor subjacente à cisão do paciente – ou seja, seu medo da psicose.[10]

Especificamente, em relação à *rêverie*, ao final da discussão clínica, Bion descreve como aborda a análise. Primeiro, fala da memória e de como não rumina a respeito de obter os fatos corretos. Então, depois de descrever a especificidade da sessão analítica e citar Darwin, "é impossível exercitar a observação e o seu julgamento ao mesmo tempo" (p. 130), Bion prossegue dizendo:

> *Infelizmente, precisamos fazer isso, gostemos ou não. É por isso que digo que a interpretação verdadeira dada*

10 Penso que há um risco na abordagem de Bion, pois ele sugere que a única razão para o sucesso do paciente é sua função defensiva. Como sabemos, ser bem-sucedido em qualquer campo sempre inclui mais do que apenas uma defesa, e minar seu sucesso na verdade pode levar o paciente a questionar todos os aspectos de sua realidade e, de fato, levar à psicose.

> *em uma sessão pode realmente ser dada quase adormecido. Porque no momento em que se está preparado para dá-la, a pessoa tem uma massa de informações e assim por diante, que se acumula, é um acúmulo de experiência. Mas não deve interferir. A pessoa deve poder fazê-lo quase em seu sono. Porque não deve interferir na assimilação das informações que lhe darão interpretações amanhã, no próximo mês, no próximo ano, nos próximos dez anos, se chegar a isso. Caso contrário, você não a terá à mão quando for o caso. (p. 130)*

Há dois elementos fascinantes nessa afirmação. O primeiro é a necessidade de assimilar o que o paciente está dizendo (ou seja, a informação), e o segundo é o estado mental do analista ao assimilar essa informação. Como veremos quando formos para os pós-bionianos, muitas vezes tem-se a impressão de que *os pensamentos do paciente estão se perdendo enquanto o analista está perdido em seus próprios pensamentos*. Bion parece sugerir que *não podemos ficar tão totalmente imersos em nossa própria mente a ponto de esquecermos a informação que o paciente apresenta*. Além disso, pergunto-me o que Bion quer dizer ao mencionar que o analista pode receber informações e fazer interpretações durante o sono. Os pós-bionianos podem considerar que esse estado de sono seja semelhante ao sonho de vigília. No entanto, para Bion esse estado de sono ocorre no contexto de escutar e receber as informações do paciente. *Assim, acho que Bion pode ter usado essa expressão de "fazer isso durante o sono" em sentido coloquial – ou seja, fazer algo sem ter plena consciência de que se está fazendo. Isso combinaria com seu ponto de vista de que não se está tentando lembrar ativamente de nada na sessão, apreendido no aforismo de trabalhar sem memória nem desejo* (Bion, 1976).

Uma análise com Bion

José Américo Junqueira de Mattos (JAJM), analista didata da Sociedade Brasileira, deixou seu país para realizar uma curta análise com Bion com muitas interrupções. As datas foram de 2 de setembro de 1977 a 10 de novembro de 1977. Continuou no mês de maio quando Bion estava no Brasil, e depois em março e abril de 1979, quando Bion estava em Londres e de férias em Saint-Cyprien, na França. Em seguida, continuou em Londres durante o mês de setembro de 1979. Em 1980, JAJM apresentou um artigo à Sociedade Psicanalítica de São Paulo, "Impressões de minha análise com dr. Bion", recentemente publicado em inglês (Junqueira de Mattos, 2016, pp. 5-22).

Ao que parece, JAJM fez outras análises, que aparentemente não foram úteis da maneira que ele sentia ser necessário. A partir do seu relato, não fica claro para o que ele buscava ajuda. Ele saiu da sua cidade cheio de incertezas, mas com a esperança de que o dr. Bion pudesse ajudá-lo.

Com certeza, há muitos motivos para falar que nada podemos dizer sobre o trabalho de Bion a partir do relato de JAJM. Primeiro, não podemos dizer se Bion considerou que fosse uma análise, dada a natureza do enquadre. Além disso, relatos retrospectivos de pacientes sobre seus tratamentos com frequência são coloridos por sua própria dinâmica, mesmo que ocorram tentativas satisfatórias de analisar a transferência. Além disso, não temos ideia de como Bion via os problemas de JAJM, nem se ele sentiu que precisava trabalhar de uma maneira específica em função disso, ao lado das circunstâncias especiais de períodos curtos de análise intercalados com ausências mais longas. Assim, tudo o que podemos dizer é que esse *pode* ter sido o jeito de Bion trabalhar com esse paciente nesse momento no contexto de um enquadre analítico insólito. Por fim, como se trata do relato de um paciente, não temos ideia se o uso de *rêveries* desempenhou algum papel nas interpretações de Bion.

Ao apresentar a história de seu trabalho com Bion, JAJM observou que: "Dentre minhas lembranças, escolhi não apenas as que foram importantes para mim, mas principalmente as que considero úteis ou mesmo importantes para outros" (p. 6). Assim, com todas as precauções mencionadas, tratarei o relato de JAJM como um *possível* retrato de uma análise, e um questionável, mas potencial jeito de entender o método analítico de Bion.

Impressões

Na maior parte, o método de Bion parece muito familiar para muitos psicanalistas – ou seja, ele escuta com atenção as associações de JAJM e interpreta baseado nelas. Ao ler o relato de JAJM sobre as reações de Bion, às vezes me peguei pensando em algo dito por Bion nos seminários de Los Angeles e que expressa sua paixão pelo trabalho analítico.

> *E no meio-tempo, enquanto estou ocupado tentando lembrar o que o paciente diz, estou perdendo o que acontece . . . mesmo que seja cinco vezes por semana, como se vê pouco dos pacientes! É absolutamente precioso. A sessão analítica é tão vital que não existe possibilidade de a sua importância ser exagerada, é preciso absorver cada fragmento dela. (Aguayo & Malin, 2013, p. 130)*

Às vezes, Bion parece ficar perto do que JAJM pode apreender de modo pré-consciente, de maneira emocionalmente profunda. Por exemplo, durante a primeira semana de análise, JAJM se recorda de um poema que aprendeu de cor aos 13 anos, que repete para Bion, primeiro em português e depois em inglês (conforme Bion solicitou). Bion então disse algo como: "Assim como o poeta procurou um leitor que pudesse ler seu livro, você espera que eu também possa 'ler' para você o que você não pode ler e saber por si mesmo" (p. 7). Outras vezes, talvez em virtude do enquadre incomum em que Bion e JAJM trabalhavam, Bion tende a dar interpretações mais genéricas e simbólicas que tocam de modo intelectual o que pode ser inconsciente. Por exemplo, JAJM conta a Bion sobre uma viagem que fez para matar crocodilos. JAJM sentiu que racionalizou esse desejo ao dizer a si mesmo que queria "curtir a pele deles e comer sua carne" (p. 13). Ele e seu amigo mataram cinco das centenas que encontraram, e mais tarde ele ficou deprimido com o prazer que sentiu ao matar. Bion comentou: "Os crocodilos são os remanescentes dos enormes sauros pré-históricos e atualmente são os descendentes dos primeiros habitantes deste planeta. Esse impulso de matar que você sentiu também teve suas raízes no homem primitivo, cujos resquícios você ainda tem dentro de si quando sente prazer em matar" (p. 13). Isso parece o tipo de afirmação passível de ser feita para acalmar um superego severo, em vez de analisar sua fonte. Na maioria das vezes, Bion parece afastar-se do *motivo* pelo qual o material relatado por JAJM está surgindo na sessão *naquele momento*, especialmente quando há implicações potenciais de transferência. Mais uma vez, questionei-me se teria algo a ver com a natureza esporádica das sessões com JAJM e, como na psicoterapia, tenta-se não aprofundar a transferência em virtude das limitações do enquadre.

Ao longo do relato do tratamento, fica evidente que JAJM idealizou Bion e aceitava prontamente interpretações mesmo quando sentia que Bion estava incorreto, sugerindo que a interpretação acabou *sendo incorreta de maneira positiva*. Dados os tremendos sacrifícios que JAJM fez para estar em análise com Bion, seria difícil para ele *não idealizar Bion.*[11] Nas vezes em que JAJM pareceu conseguir permitir-se alguma resistência à análise, Bion pareceu ficar frustrado.

> *Um dia, após várias associações, JAJM ficou em silêncio. Bion disse que não via sentido no que JAJM dissera e perguntou o que ele pensava disso. Depois de alguma reflexão, aparentemente ainda em modo resistente, JAJM disse que não pensava nada. Provavelmente em resposta ao comentário de Bion, JAJM falou: "Sem dúvida, o que eu disse não era importante". A resposta de Bion foi a seguinte: "Se você acha que não era importante, por que disse? Você acha que é tão rico que pode se dar ao luxo de perder tempo e dinheiro para vir aqui e dizer coisas fúteis e sem importância?". (p. 8)*

JAJM disse, sem descrever nenhuma entonação afetiva, que foi uma observação que ele jamais esqueceu.[12] Posso entender por quê. Embora Bion possa ter percebido a hostilidade inconsciente nas associações de JAJM, a ideia de que isso poderia ser interrompido com uma imposição parece improvável, ao mesmo tempo que ignora o significado do que o paciente estava tentando fazer. Para ser justo com Bion, foi uma época em que os pacientes eram repreendidos com frequência por sentirem raiva, ou desprezo, como se bastasse identificar os sentimentos negativos em si. Foi uma

11 Como exemplo, ele descreveu que Bion sempre interpretava o que considerasse acertado sem medo de errar. Ele cita que Bion dizia: "Quero dizer o que digo e digo o que quero dizer", o que JAJM atribuiu a Shakespeare. No entanto, para mim teve o toque mais familiar dos livros do Dr. Seuss sobre Horton, o elefante, bem como de Popeye (o personagem dos quadrinhos).

12 Tive a impressão de que, após essa observação de Bion, JAJM trouxe cada vez mais material intelectualizado (por exemplo, pinturas e livros).

época em que as interpretações segundo o modelo topográfico se mantinham firmes. Outras vezes, Bion parecia desviar o desejo de JAJM de *derrubá-lo* por meio de longas associações intelectualizadas. Por exemplo, após visitar o Parque Nacional de Yosemite, lar das sequoias gigantes, e falar da sua beleza, JAJM "refletiu que mesmo os mais antigos e poderosos um dia caem, morrem ou são destronados" (p. 11). Ele trouxe um postal com uma foto das sequoias e deu a Bion. Ele afirma: "uma pressão interna, tão forte que não pude resistir ao impulso, me fez dar-lhe o postal" (p. 11). Esse é o tipo de pressão que geralmente entendemos como encenação (*enactment*) de algo que não pode ser colocado em palavras. Após essa ousada encenação, ele se refugiou em uma imagem idealizada de sua infância que ainda transmitia a ideia de que falava de *poder* (por exemplo, lembrou-se da casa de *força* perto de um moinho de água).[13] JAJM recordou também uma fotografia sua quando jovem "mordendo com avidez uma suculenta manga" (p. 11). Bion então disse:

> *Você sofre com a perda de sua infância. No entanto, ainda há outro significado. Você sofre com a perda de sua mãe, a perda do seio (essas deliciosas mangas), que, mesmo na época, você sentia que não pertencia apenas a você, mas a seu pai e ao irmão que veio antes e aos que viriam depois de você. Um dia você precisou renunciar a esse seio, esse paraíso, esse lugar acolhedor, como um dia você também foi expulso do corpo de sua mãe. Aqui e agora acontece o mesmo comigo. (pp. 11-12)*

Bion continua comparando o sentimento de JAJM em relação a ele com esse maravilhoso local e a mãe que ele também vai perder. Passa a interpretar o cartão-postal como se JAJM se sentisse como

13 No original em inglês, o termo usado nessas duas instâncias é o mesmo: *power* [N.T.].

esse "monarca caído que tristemente volta ao Brasil" (p. 12), sendo chutado para fora do paraíso.

Tenho a impressão de que, embora Bion comece sua interpretação de acordo com a ideia de um conflito edipiano, ele muda no meio do caminho para a perda narcísica de um *self* grandioso. À luz dessa interpretação longa e extremamente específica, JAJM escreve na mesma página: "Os comentários e interpretações do dr. Bion tinham a qualidade peculiar de nunca serem *saturados*" (p. 12). No entanto, ao longo do relato de JAJM, ele recorda principalmente interpretações que parecem extremamente saturadas. É difícil saber o que ele quer dizer ao descrever essa "qualidade peculiar". O que a mim parece peculiar é o fato de ele descrever as interpretações de Bion como insaturadas.

Ao final do seu relato da análise com Bion, JAJM é módico sobre a impressões relatadas.

> *Assim, o dr. Bion não está aqui entre nós para dizer o que teria dito, e como disse. Contudo, espero que as impressões aqui reunidas não tenham sofrido muitas "transformações", que as "invariantes" aqui contidas, ao descrever a experiência apresentada, possam ter coerência com a experiência vivida. (p. 21)*

Como afirmei na introdução à discussão do relato de JAJM, é preciso ser módico nas conclusões a respeito dele. No entanto, se houver alguma precisão nas recordações de JAJM sobre as interpretações de Bion, inúmeras vezes elas parecem consistentemente intelectualizadas, falando para as partes profundamente inconscientes da psique de JAJM. Terá sido esse tipo de interpretação que levou Ferro a menosprezar a técnica clínica de Bion se comparada à sua perspectiva teórica? Ao analisar os vários relatos das afirmativas clínicas de Bion, deparei com um quadro misto. Algumas vezes, tive a impressão de que seu modo de trabalhar (ou seja, trabalhar mais próximo do pré-consciente, análise da defesa) se encaixa com o que descrevi (Busch, 2015) como base comum entre perspectivas teóricas aparentemente diversas. Outras, sua abordagem parecia mais intrusiva, com foco limitado no que o paciente tentava fazer de maneira agressiva ao analista.

O relato restrito de Bion sobre seu trabalho com pacientes provavelmente teve a ver com a centralidade dele nas comunidades psicanalíticas onde trabalhou e lecionou. Dessa forma, a maioria de seus pacientes eram outros psicanalistas, candidatos ou pessoas cuja identidade não poderia ser facilmente disfarçada. Porém, tanto quanto é possível dizer a partir dessas fontes secundárias, como Ferro (Ferro & Nicoli, 2017) sugeriu, sua compreensão e seu modo de abordar as intervenções parecem influenciados principalmente por abordagens kleinianas. Coube aos pós-bionianos aprofundar as ideias sobre as *rêveries* do analista.

5. Três pós-bionianos[1]

Na leitura da excelente coletânea de artigos do livro de Levine e Civitarese (2016), *The W.R. Bion tradition*, nota-se que ao se tratar do tema *rêverie*, parece não haver tradição. Basicamente, existem *muitos pontos de vista* sobre *o que acontece na mente do analista* que determina se ele está tendo uma *rêverie*, e o mesmo vale para o que *o analista pode fazer com sua* rêverie *que seja transformador para o paciente*. Em geral, a respeito do uso clínico da *rêverie*, *eu diria que, até o momento presente, não existe um ponto de vista pós-bioniano unificado, apenas os pontos de vista de pós-bionianos.*

Em geral, embora haja concordância entre os pós-bionianos de que a *rêverie* do analista é uma construção conjunta das duas mentes

1 Foi desafiador escrever este capítulo, e o mesmo pode muito bem mostrar-se verdadeiro para o leitor. Para mostrar as diferenças importantes entre os três pós-bionianos, bem como as mudanças de paradigma inerentes à forma como dois deles consideram suas *rêveries* enquanto parte do processo de tratamento, precisei usar anotações detalhadas de análise de seus artigos, bem como meus comentários sobre eles. Esse exame minucioso de notas da análise pode ser árduo de seguir, mas acredito que seja essencial para compreender de que maneira um analista compreende o material clínico e seu ponto de vista sobre o processo curativo.

na sessão analítica, *existem diferentes pontos de vista sobre a parte da mente do analista em que uma* rêverie *se forma* (por exemplo, pré-consciente ou inconsciente), e às vezes quem escreve muda de ponto de vista sem notar a modificação.

Existe um amplo espectro de perspectivas no grupo pós-bioniano, o que dificulta fazer justiça a todos os seus diferentes pontos de vista sobre as *rêveries* do analista. Portanto, escolhi três representantes proeminentes: Thomas Ogden; Elias e Elizabeth da Rocha Barros; e Antonino Ferro. A principal impressão que temos a partir da leitura desses autores é a existência de semelhanças e diferenças *na definição do que é uma* rêverie *e em seu modo de usar a* rêverie *como método clínico*. Resumidamente, os Rocha Barros e Ferro (em sua maior parte)[2] consideram que as *rêveries* ocorrem *de forma específica* (ou seja, como imagem onírica), enquanto Ogden pensa em *rêverie* como um conceito guarda-chuva sob o qual inclui ampla variedade de estados psíquicos que advêm ao analista em um estado específico, semelhante ao sonho.

Começarei com o trabalho dos Rocha Barros, pois eles, como o Ferro do *início*, definem a *rêverie* como uma *imagem onírica surpreendente* que vem à mente do analista e contém elementos emocionais intensos. Ferro usa o termo *pictogramas* e os Rocha Barros denominam essas imagens *pictogramas afetivos*.

Elias da Rocha Barros (2000) definiu sucintamente os elementos da *rêverie* como uma imagem "contendo elementos expressivo-evocativos potentes" (p. 1094). Ele prossegue:

> *Uso o conceito de* pictograma *especificamente para me referir a* uma forma muito primitiva de representação

---

2 Adicionei essa ressalva, pois nem sempre Ferro limita a imagens sua descrição de *rêverie*.

> mental de experiências emocionais, *fruto da função alfa (Bion, 1963), que cria símbolos por meio de figurações para o pensamento onírico, como fundamento e primeiro passo em direção aos processos de pensamento.* (p. 1094, grifos nossos)

Em suma, Rocha Barros apresenta os *pictogramas afetivos* do analista como uma forma inicial de pensamento, e o *primeiro passo* de um processo de transformação como o que se poderia usar para abordar a análise de um símbolo onírico.

Ferro faz uma conexão semelhante entre o que ele chama de pictogramas do analista e seu potencial de transformação de afetos perturbadores. Assim, ele "postula a centralidade da atividade metabolizadora que realizamos em todas e quaisquer impressões sensoriais e psicológicas . . . [via] a formação de uma *pictografia* visual ou ideograma de cada estímulo, ou seja, uma imagem poética que sincroniza o resultado emocional de cada estímulo ou conjunto de estímulos" (Ferro, 2002b, p. 185). No entanto, em outras ocasiões, Ferro iguala sonhos (sonhos noturnos, devaneios) com *rêverie, embora possa não haver uma imagem envolvida*, e em suas *rêveries possam encontrar-se* rêveries *nem sempre equiparadas a imagens.*

Em suma, os Rocha Barros e Ferro (em sua maior parte) sugerem que *uma imagem com intensa carga emocional vem à mente do analista como forma de captar o afeto não metabolizado de um paciente*, e essa imagem tem o potencial de transformar um sentimento primitivo (elemento beta) em elementos alfa. Existem diferenças importantes entre os Rocha Barros e Ferro sobre a forma como ocorre essa transformação, que explorarei mais adiante neste capítulo.

O brilhantismo de Ogden em traduzir Bion é inquestionável, junto com sua capacidade de observar seus estados internos e relatá-los sem vacilar. Sua capacidade de usar o que lhe vem à mente e os estados emocionais a que isso leva são um modelo de como o analista pode usar seu mundo interno para entender melhor seus pacientes. Obviamente, suas opiniões falam a muitos psicanalistas, pois com muita probabilidade ele é um dos autores mais lidos e citados de nosso tempo. No entanto, ao rever sua obra sobre o campo mais estrito das *rêveries* do analista, fica logo evidente *o quanto seu ponto de vista sobre* rêveries *difere* dos pontos de vista de Ferro e dos Rocha Barros. Ao contrário desses autores, Ogden (1997a, 1997b) sugere que é útil certo deslizamento no uso da *rêverie*, e, portanto, ele considera *rêveries uma variedade de estados mentais e físicos. Esses incluem: estados somáticos; recordações; associações; e reações contratransferenciais*. Para Ogden (1997b), *rêveries* "são nossas ruminações, devaneios, fantasias, sensações corporais, percepções fugazes, imagens surgidas de estados de quase adormecimento (Frayn, 1987), melodias (Boyer, 1997) e frases (Flannery, 1979) que percorrem nossas mentes, e assim por diante" (p. 568).

É interessante Ogden considerar que estados somáticos sejam *rêveries*, visto que tipicamente são considerados desprovidos de representação. Por exemplo, Ferro (2016) considera os estados somáticos "evacuação de elementos beta 'puros' que não passaram por processos incipientes de mentalização nem metabolização" (p. 196).

Às vezes, Ogden (2012) considera as *rêveries* um estado mental no qual, em grande medida, paciente e analista estão livres para se envolver em um fluxo de consciência desimpedido, "um tipo de consciência gerado por meio de uma interação relativamente desobstruída dos aspectos conscientes e inconscientes das duas mentes trabalhando/sonhando separadamente e em conjunto" (p. 249). Outras vezes, Ogden (2007a, 2009) considera que falar sobre peças de teatro, filmes ou livros é "falar sonhando" (2007a, p. 575).

Às vezes Ogden considera que suas *rêveries* são pré-conscientes, às vezes provenientes de seu inconsciente, e outras como "experiência inconsciente criada a dois com o analisando" (2001). Birksted-Breen (2016) sugeriu que essa forma de atividade mental de Ogden não é compatível com o ponto de vista de Bion sobre *rêverie*. Kernberg (2017), em sua revisão das palestras de Bion em Los Angeles (Aguayo & Malin, 2013), ressalta que *Bion acreditava fortemente que a contratransferência do analista resulta do seu próprio inconsciente*, enquanto Ogden considera que ela se cria de modo intersubjetivo no par paciente-analista.

Sobre a técnica do trabalho com rêverie

Como mencionei, é sempre uma tarefa difícil escrever sobre o que se compreende acerca do trabalho de outro clínico. Trata-se basicamente da discussão de um caso *virtual*, em que não tenho a vivência de estar na sala com o paciente para ouvir a música que acompanha as palavras, nem o histórico detalhado do paciente ou os detalhes do mundo psíquico do paciente e do analista. O que apresento é minha compreensão do material a partir da minha perspectiva, que é basicamente freudiana. *Quero ressaltar que enfocarei neste livro a maneira de o analista pensar e usar sua* rêverie, *e não o saber clínico que também é central nos escritos desses autores. Ao ler qualquer um deles deparamos com formas criativas de pensar que enriquecem nossa compreensão do tratamento psicanalítico.*

Refletir sobre o trabalho de quem escreve um artigo e apresenta material clínico é ainda mais complicado, pois uma vez que o autor (em geral) escolheu esse material para demonstrar uma tese em termos bem estritos, pode-se dizer que tudo o que o leitor pode tentar entender na descrição do analista é o trabalho do autor com *esse paciente*, nesse momento, selecionado para demonstrar um ponto. Tendo isso em mente, centrei-me na escolha de casos em que a *rêverie* do analista é um elemento essencial do material clínico.

Elizabeth L. e Elias M. da Rocha Barros

Inicio minha discussão sobre os psicanalistas pós-bionianos com os Rocha Barros, pois acredito que a compreensão deles a respeito da *rêverie*, e a respeito da maneira como pode ser mais bem usada como parte de um processo curativo em psicanálise, é mais compatível com os pontos de vista atuais sobre os fatores curativos em psicanálise (Busch, 2014). Especificamente, o trabalho deles sobre *rêverie* é condizente com as ideias contemporâneas sobre a importância da construção de representações como parte do processo curativo. Assim, eles usam *rêveries* como parte de um processo interpretativo que enfoca o desenvolvimento do *pensar simbólico*. Como mencionei antes (Busch, 2014), houve certas mudanças de paradigma baseadas na compreensão cada vez maior da formação de símbolos como essencial para o processo curativo. Para essa mudança é básica a valorização de uma linha de *pensamento evolutivo que diferencie o pensar simbólico de níveis mais primitivos de pensamento (por exemplo, reações somáticas, linguagem de ação, estados emocionais vagos etc.)*. Conforme observou Lecours (2007), o que tem representação pode continuar a construir estrutura e aumentar a capacidade de conter. Isso leva ao que Green (1975) denominou "ligar o incipiente" (p. 9) e dar continência a ele, para dar assim um continente ao conteúdo do paciente "e conteúdo ao seu continente" (p. 7). Em suma, os Rocha Barros apresentam *um modelo de compreensão da* rêverie, *e da sua melhor utilização na psicanálise clínica, mais compatível com paradigmas atuais* (Busch, 2015). No que parece básico para o trabalho interpretativo psicanalítico, mas acaba sendo um afastamento de outros pós-bionianos, o ponto de vista dos Rocha Barros de como o analista transforma sua *rêverie* em intervenção útil para o paciente requer que "Essa forma visual simbólica, dentro do processo de construção de um comentário interpretativo para o paciente, deve ser retomada na forma de símbolos verbais" (Rocha Barros & Rocha Barros, 2016, p. 148).[3]

3 Ponto enfatizado também por Cassorla (2013).

Elias da Rocha Barros (2000) introduziu o termo *pictogramas afetivos* como forma inicial de representação mental que cria símbolos por meio de representações em pensamentos oníricos, e é um *primeiro passo* para os processos de pensamento.

> *Falando estritamente, porém, os pictogramas ainda não são processos de pensamento, pois se expressam em imagens e não em discurso verbal e contêm poderosos elementos expressivo-evocativos, sendo diferentes dos elementos beta, que são elementos brutos que devem ser expelidos do aparelho mental, quando não forem transformados pela função alfa em elementos alfa. (p. 1094)*

Rocha Barros considera a *rêverie* do analista como apenas o primeiro passo para a capacidade de pensar uma experiência. De acordo com os Rocha Barros, *as interpretações tornam as experiências emocionais disponíveis para o pensamento*, dando-lhes forma simbólica. Como mostrarei mais adiante, isso se torna um ponto importante que os diferencia de outros pós-bionianos, que às vezes consideram que o fato de o *analista ter uma* rêverie *é transformador em si mesmo*. Cito longamente Elias da Rocha Barros (2000), pois creio que ele pontua uma questão central que distingue seu ponto de vista do de outros pós-bionianos, como ficará evidente.

> Em minha opinião, os defensores de que a vivência do sonhar é mais importante do que sua interpretação e que, por isso, as interpretações podem ser dispensadas confundem dois tipos de problema. *Com certeza é verdade que a produção de um sonho representa um primeiro passo para a capacidade de pensar em uma experiência. Parte do significado das experiências já está*

> *delineado no trabalho onírico de transformar os conteúdos emocionais que levam à constituição das imagens pictográficas do sonho. Embora a produção do sonho seja apenas o início de um processo de elaboração emocional, é um gigantesco passo adiante. Em um estágio primário, um sonho mapeia sentimentos não digeridos que giram em torno das estruturas mais básicas do ego e constituem os núcleos de significado da experiência emocional. Esses núcleos de significado são primeiramente apreendidos na forma de imagens pictográficas, que são um primeiro passo no processo de articulação dos afetos na mente. Acho que Meltzer produziu a melhor abordagem a esse tópico ao escrever: "O sonhador pede ajuda ao analista para transformar o evocativo, a linguagem verbal da descrição do significado, o primeiro passo em direção à abstração e à sofisticação" (1984, p. 52). (p. 1098, grifos nossos)*

Em seu artigo de 2000, Elias da Rocha Barros termina com uma citação de Fédida (1992, p. 16) que capta ainda mais seu pensamento:

> *Quando a linguagem é ameaçada pela dominação apenas do que é visível, ela só pode libertar-se dessa dominação porque as palavras têm o poder mágico de transformar um sentimento em outro, não apenas por algum tipo de correspondência, mas por ressonância (emocional). (p. 1097)*

Em um artigo conjunto, Elias e Elizabeth da Rocha Barros (2011) destacam o significado da *formação de símbolos* para o pensamento. "Começamos enfatizando a ideia de que *o processo em si de construção do símbolo em seus diferentes componentes e suas vicissitudes tem importância central para a psicanálise contemporânea*, pois os símbolos são essenciais para pensar e armazenar experiências emocionais em nossa memória e para transmitir nossos afetos aos outros e explicitá-los para nós mesmos" (p. 879). Como eles ressaltam, pensamos e fantasiamos usando símbolos, e as transformações simbólicas das fantasias inconscientes dão significado às nossas emoções.

Estão interessados principalmente em um grupo de pacientes que sonham, mas parecem incapazes de fazer associações a seus sonhos, a não ser de maneira muito concreta.

> *Eles aderiram ao processo analítico, seus sonhos se basearam em muitos símbolos,* mas eles não conseguiram reconhecer o significado pleno da experiência emocional que aparentemente era transmitida pelas formas simbólicas usadas em seus sonhos. *Pareciam ter perdido a capacidade de compreender o aspecto* conotativo *(subjetivo) das representações simbólicas, apreendendo apenas seu lado* denotativo *(objetivo). As analogias envolvidas na denotação tornaram-se indicações de igualdade concreta como nas* equações simbólicas. *(p. 882)*[4]

4 Os Rocha Barros consideram que isso resulta do ataque do paciente aos símbolos no seu processo de formação, e o veem como uma espécie de cisão. Isso suscita uma questão interessante: pode o processo de criar e de perder símbolos, *às vezes*, ser mais um processo defensivo do que destrutivo? Embora possam reduzir-se ao mesmo resultado – ou seja, a incapacidade de simbolizar –, causas diferentes produziriam modificações nas abordagens analíticas. Por exemplo, um processo defensivo provavelmente levaria o analista a abordá-lo a partir do medo do paciente (por exemplo, desorganização, perda, castração etc.), enquanto o processo destrutivo poderia ser interpretado como algo que o paciente está fazendo ao analista ou à análise.

Em um exemplo clínico, os Rocha Barros (2011) descrevem um paciente que tem sonhos vívidos, mas não responde às interpretações do analista sobre o significado simbólico desses sonhos. O paciente relata que o que o analista diz não faz sentido para ele, além de não entender como certos elementos mecânicos no sonho podem representar outra coisa. A pergunta que os Rocha Barros se fazem parece óbvia uma vez que eles a apontam, mas jamais tinha sido colocada com tanta clareza.

> *Nos perguntamos: o que poderia estar acontecendo com esse paciente? Por um lado, ele tem algum contato com sua experiência emocional que o leva a produzir um sonho composto por símbolos sofisticados. Por outro, parece não ter a menor noção da experiência emocional que aparentemente se transmite pelo sonho em seu processo de elaboração como podemos observá-lo acontecendo (ou não acontecendo). (p. 887)*

Em sua discussão, eles levantam a hipótese de que é um excesso de intensa emoção, como em um trauma, que faz os símbolos perderem sua plasticidade e "silenciarem as emoções, isolarem o paciente e, assim, afastarem o paciente de seus significados, como discutimos nesse caso específico" (p. 888). Isso leva à conceituação de como os Rocha Barros entenderam o uso da *rêverie com esse paciente*:

> *O analista utilizando a* rêverie *como parte da função psicanalítica de sua personalidade passa a ocupar virtualmente a função de transformar as experiências emocionais do paciente. Para transformar os sentimentos do paciente projetados nele, o analista trabalha com os sentimentos evocados em sua mente pela identificação projetiva, seja*

> *dando a esses sentimentos sua primeira representação para estados não mentais* (função alfa sintética, *Caper, 2002), seja alterando a representação mental de estados mentais insuportáveis, de maneira que a experiência na representação recém-criada se torne mais fácil de assimilar pelo aparelho mental* (função alfa analítica*). Em ambos os casos, o analista está ampliando o aspecto conotativo da experiência emocional evocado em sua mente. (p. 889)*

Como mencionado, os Rocha Barros entendem que a *rêverie* ocorre em *pictogramas afetivos* na mente do analista, algo existente entre a experiência pura e uma abstração inicial da experiência. E. M. da Rocha Barros (2000) descreveu os pictogramas de modo perspicaz como forma primitiva de representação mental de uma experiência emocional. Ainda não são pensamentos, pois são expressos em imagens visuais. *Usar esses pictogramas afetivos como parte do processo que conduz ao pensamento simbólico é a contribuição singular dos Rocha Barros para o pensamento atual sobre o uso da* rêverie.

À medida que prossegue a análise do paciente que não conseguia sonhar seus sonhos, vemos o surgimento de emoções antes cindidas e o início da cura da cisão. "Nessa fase, o analista basicamente *nomeava e conectava* as diversas experiências, imagens oníricas e sentimentos trazidos pelo paciente e, ao fazê-lo, propiciava maior possibilidade de integração de diferentes partes cindidas de sua personalidade por meio da atribuição de sentido ao que ele trazia para a análise" (p. 895, grifos nossos). É uma abordagem surpreendentemente diferente do trabalho de outros pós-bionianos com as *rêveries*. Nesse caso o analista está vinculando partes antes discrepantes do *self*, conectando sentimentos com imagens e construindo representações como muitos outros analistas fariam.

Thomas Ogden

Como mencionado antes, nos últimos vinte anos, Ogden tem sido um dos autores mais prolíficos e citados da psicanálise. Fica fácil entender o motivo após mergulhar em sua obra. Seus artigos teóricos são escritos com clareza, muitas vezes retomando alguns dos escritos mais obscuros de Bion e os tornando compreensíveis. Sua capacidade de captar seus pensamentos e sentimentos durante a sessão de análise e compartilhá-los livremente com seus leitores é incomparável. Muitas vezes sua apresentação de material clínico assemelha-se a um conto. Sua erudição é evidente, tanto nas referências surpreendentes que surgem em sua obra quanto na ampla gama de temas sobre os quais escreveu. No entanto, ao ler seus muitos exemplos clínicos, é possível ver que *ele não só tem uma visão de* rêverie *diferente da dos Rocha Barros e de Ferro, como também uma forma singular de explicar o papel das* rêveries *do analista no processo de mudança do paciente.* Embora os pontos de vista de Ogden sobre o uso pelo analista de suas *rêveries tenham sido saudados como grandes avanços, não acredito que suas implicações tenham sido examinadas com suficiente atenção.*

Resumidamente, as principais diferenças entre Ogden e os outros incluem o seguinte:

1. Para Ogden, a *rêverie* é um *estado* mental analítico, enquanto os outros consideram que a *rêverie* é uma *função* analítica que se desenvolve *espontaneamente* em certos momentos na forma de uma *imagem ou pictogramas afetivos*, fora do controle do analista.

2. Ogden considera que estados psíquicos como reações contratransferenciais ou reações somáticas são *rêveries*, enquanto outros pós-bionianos não.

3. Ogden passou a adotar a posição de que *basta o psicanalista ter uma* rêverie *para que o processo de mudança ocorra no*

paciente. Nos últimos anos, Ferro teve às vezes essa mesma posição, enquanto os Rocha Barros não.

4. Em suas associações (pensamentos que vêm à mente em lugar de imagens), as reflexões de Ogden na maioria das vezes são *lethic* (Schmidt-Hellerau, 2006), o que pode incluir preocupação excessiva com outras pessoas, junto com pensamentos sobre morte, doença, culpa etc. Alguns analistas podem considerar que isso seja também uma reação à hostilidade inconsciente, na medida em que Ogden muitas vezes sente que decepcionou alguém.

5. Na maioria das vezes Ogden só reconhece as transferências eróticas de maneira retrospectiva. Contudo, elas permanecem mudas e muitas vezes desaparecem da sessão com rapidez.

A seguir, um exame mais detalhado das ideias de Ogden. Com frequência ele descreve sentimentos perturbadores para ele e que parecem aproximar-se mais do que Bion classificaria como elementos beta (por exemplo, sensações somáticas desagradáveis, sentimentos de claustrofobia etc.), junto com associações aparentemente assassinas – todos considerados *rêveries* por ele. Em geral, esses afetos beta parecem opostos aos elementos alfa, que são o início do processo de transformação. *Apesar de reconhecer que esses pensamentos e sentimentos são reações contratransferenciais que o tornam incapaz de pensar psicanaliticamente, ainda assim Ogden os considera* rêveries. Pode-se pensar que é a *conscientização* de suas intensas reações contratransferenciais que às vezes ajuda Ogden a mover-se em direção a uma postura de escuta mais benigna e à capacidade de pensar, e, por conseguinte, ele considera que essas reações contratransferenciais são *rêveries*. No entanto, o que pode levar Ogden a um estado mental diferente *é o reconhecimento da perturbação em seu estado mental, não os pensamentos em si*. A experiência clínica nos diz que não é apenas o reconhecimento da contratransferência que muda nossa capacidade de pensarmos mais plenamente sobre nossos pacientes, mas que esse reconhecimento se combina melhor com a autoanálise de nossa contribuição. Essa é a parte mais difícil de lidar com nossa participação em uma reação contratransferencial e, às vezes, é realçada pela ideia de que o paciente colocou esses sentimentos em nós (identificação projetiva).[5] A própria Klein era muito cuidadosa no uso desse termo, como se depreende do gracejo de Hanna Segal acerca de "um jovem analista que contou a Klein que se sentiu confuso, portanto, interpretou que seu paciente havia projetado confusão nele, ao que Klein respondeu: 'Não, querido, você *está* confuso'" (Bott-Spillius, 1994, p. 352). Com base em *sua* perspectiva teórica, Ogden (1997a) raramente parece analisar *sua* contribuição aos sentimentos ou pensamentos contratransferenciais. Como ele afirma:

> *Não concebo a interação analítica em termos de o analista introduzir sensibilidades preexistentes na relação analítica que "são convocadas" (como teclas de um piano sendo tocadas) pelas projeções ou identificações projetivas do paciente. Ao contrário, concebo que o processo analítico envolve a criação de* acontecimentos intersubjetivos inconscientes *que jamais existiram na vida afetiva do analista ou do analisando. (p. 589, grifos nossos)*

Assim, muitas vezes encontramos nas "*rêveries*" de Ogden pensamentos sobre *amigos doentes ou moribundos*. Para alguns analistas esses pensamentos podem indicar que talvez seja útil ponderar a respeito de sentimentos contratransferenciais hostis. Dada sua perspectiva, os

5 Apesar de eu considerar a identificação projetiva um conceito útil, como explicação única para os sentimentos contratransferenciais acredito que seja muito limitante.

pensamentos de Ogden sobre essas "*rêveries*" não vão nessa direção, mas, na maioria das vezes, o levam a tornar-se mais solidário com seu paciente. Isso levanta a possibilidade de que esses pensamentos sejam o que Schmidt-Hellerau (2001, 2005, 2006) pensaria como algo que preserva o objeto. No entanto, há uma qualidade singular acompanhando os pensamentos de Ogden sobre amigos doentes e moribundos, que é culpa, remorso e, em um caso, uma identificação temporária com um amigo que teve um ataque cardíaco. Esses pensamentos de autopunição geralmente sugerem algum sentimento inconsciente de culpa por pensamentos ou sentimentos não reconhecidos. É interessante que Ogden aparentemente tenha mais consciência de *sentimentos* contratransferenciais hostis do que de possíveis *pensamentos* contratransferenciais hostis. Suponho que, como ele considera que esses pensamentos são "*rêveries*", segundo sua definição devem ser transformadores e não destrutivos. Consequentemente, no modo de Ogden pensar, pensamentos sobre remorso por amigos moribundos são considerados *rêveries*, portanto, não podem ser hostis. Dessa forma, o pensamento de Ogden pode ser bastante concreto.

De outra perspectiva, *em desacordo com grande parte do pensamento no mundo analítico, o ponto de vista de Ogden é que basta ao analista ter uma* rêverie, *sem necessariamente transformá-la em interpretação em algum momento*. Ogden às vezes *descarta seu papel de transformar o não mentalizado em símbolos e novas estruturas, e seu papel continente*. Às vezes, o ato de sonhar substitui a interpretação. Como ele afirma:

> *tudo começa com a experiência consciente vivida que se torna inconsciente para que por meio do sonho (pensamento inconsciente) algo possa ser feito mentalmente com ela. Apenas nesse momento a compreensão inconsciente da experiência vivida* às vezes *se torna consciente por meio da interpretação. (Ogden, 2017, p. 3)*

Ele prossegue dizendo: "Considero que o sonho é inerentemente terapêutico" (p. 3), e postula que nem é preciso lembrar-se de um sonho para que ele sirva à função psicanalítica de autocompreensão. Prossegue sugerindo que *se a pessoa não se modificar com um sonho, então não é sonho.*

Para Ogden, as *rêveries* do analista *em si afetam a relação analítica e transformam o pensamento do paciente. Rêveries* apenas *são*. Às vezes, parece que para Ogden sua capacidade de ter *rêveries* é sinal de postura analítica saudável, enquanto o conteúdo é secundário. Além disso, o que ele chama de *rêveries* outros analistas chamariam de *associações*. Se as considerássemos *associações*, poderíamos pensar que as *rêveries* seriam o início de um processo, não um fim, como Ogden as considera.

A seguir, tomarei dois exemplos clínicos da vasta produção de Ogden para demonstrar sua visão de *rêverie*, e *como ela se traduz em uma forma clínica específica de pensar, diferente da de seus colegas pós-bionianos e de outras teorias sobre o processo curativo em análise.* Além disso, aplicarei minha perspectiva freudiana na reflexão sobre esses casos. Eu os escolhi dentre a vasta obra de Ogden, pois creio que apreendem a essência da maneira como Ogden considera a *rêverie*.

Como antes mencionado, estão notadamente ausentes da ampla definição de *rêverie* de Ogden as tentativas de entender o *significado dinâmico para ele* de suas *rêveries*. Assim, onde ele vê *rêverie*, penso em sentimentos contratransferenciais, em defesas contra eles, que resultam em alteração de sentimentos em relação ao paciente etc. Analisarei o trabalho de Ogden sobre *rêverie* a partir dessa perspectiva dinâmica, pois acredito que aponta para a potencial armadilha de considerar que a *rêverie* tenha uma potencialidade de transformação em si mesma. Em um capítulo posterior, explicarei por que acredito que as *rêveries* do analista exigem autoanálise como parte da definição de seu significado para o paciente.

"*Rêverie* e interpretação" (1997a)

Nesse artigo inicial sobre *rêverie*, Ogden apresenta uma paciente (sra. B) que aparentemente sente-se poderosa ao não se sentir bem tratada por seu analista.[6] Há diversas maneiras como isso pode ocorrer, mas, com essa paciente, Ogden vivencia suas queixas silenciosas e seu desdém por várias coisas, inclusive as intervenções dele, com intensas reações contratransferenciais. É possível simpatizar com Ogden facilmente, dado que ele vivencia como um ataque interminável algo que, para a paciente, parecem queixas realistas. Desde o início da descrição de Ogden da primeira sessão relatada, ele tem consciência de várias reações contratransferenciais à paciente, das quais algumas são somáticas (ou seja, tensão dos músculos do estômago, náusea), algumas aparecem no tom crítico que Ogden sente na voz dele, e algumas são interpretações pensadas, mas não verbalizadas. *No entanto, Ogden considera que essas reações contratransferenciais são* rêveries, *não algo para analisar melhor*. Pois Ogden acredita que:

> *Paradoxalmente, por mais pessoais e privadas que nossas* rêveries *nos pareçam, é errôneo considerá-las "nossas" criações pessoais, já que a* rêverie *é ao mesmo tempo um aspecto de uma construção intersubjetiva inconsciente criada em conjunto (mas de maneira assimétrica) que denominei "terceiro analítico intersubjetivo"... Ao conceituar a* rêverie *tanto como um evento psíquico individual quanto como parte de uma construção intersubjetiva inconsciente, baseio-me em uma concepção dialética da interação analítica. Analista e analisando*

6 O que Schmidt-Hellerau (2008) descreveu como potência de um *lethic phallus*. Ou como sadismo moral (2009).

> *contribuem e participam juntos de uma intersubjetividade inconsciente. (p. 569)*

O problema que vejo no ponto de vista de Ogden é que se promovermos todos os pensamentos a *rêverie*, e as *rêveries* forem consideradas algo positivo em si mesmas, *fica abolida a possibilidade inequívoca, que todos sabemos que ocorre, de termos uma reação contratransferencial desencadeada por nossa dinâmica pessoal.* Além disso, como detalharei em capítulo posterior, o ponto de vista de que a análise é inteiramente construída a dois levanta diversas questões éticas (de definição ampla).

Como acontece com grande parte do que Ogden escreve, os problemas com seus pontos de vista sobre *rêverie* mesclam-se com sólidas diretrizes clínicas, com muitas das quais concordo. Por exemplo:

> *A experiência de* rêverie *raramente é "traduzível", se é que isso é possível, de modo individual para compreender o que acontece na relação analítica. A tentativa de fazer uso interpretativo imediato do conteúdo afetivo ou ideativo de nossas* rêveries *geralmente leva a interpretações superficiais em que se trata o conteúdo manifesto como intercambiável com o conteúdo latente.*
>
> *O uso de nossas* rêveries *exige tolerância com a vivência de estar à deriva. O fato de a "corrente" de* rêverie *nos levar a um lugar que tenha valor para o processo analítico em geral é uma descoberta retrospectiva e quase sempre imprevista. A sensação de estar à deriva não pode ser encerrada às pressas. Devemos ter a capacidade de terminar uma sessão com a sensação de que, na melhor das hipóteses, a análise está em uma pausa, uma vírgula*

> *em uma frase. Descreve-se melhor o movimento analítico como uma "tendência em direção a"*[7] *(Coltart, 1986, tomando emprestado de Yeats) em vez de uma "chegada em". Esse tipo de movimento é especialmente importante para se conseguir manejar a* rêverie. *Nenhuma* rêverie *ou grupo de* rêveries *deve ser supervalorizado ao se encarar a experiência como "via régia" para a principal ansiedade inconsciente de transferência-contratransferência. Deve-se permitir que as* rêveries *acumulem significado sem que analista ou analisando sintam-se pressionados a fazer uso imediato delas. Por mais urgente que a situação possa parecer, é importante que o par analítico (ao menos até certo ponto) mantenha a sensação de que podem "perder tempo", de que não há necessidade de contabilizar o "valor" de cada sessão, cada semana, ou cada mês que passam juntos. (pp. 569-570)*

Retorno agora à descrição do trabalho de Ogden com a sra. B.

> *Os músculos do meu estômago ficaram tensos e vivenciei uma fraca sensação de náusea ao ouvir os passos rápidos da sra. B subindo as escadas que levam ao meu consultório. Pareceu-me que se desesperava para não perder um instante de sessão. Há algum tempo, eu sentia que a quantidade de minutos que ela passava comigo precisava substituir todas as maneiras como ela se sentia incapaz de*

7 No original: *slouching towards*. "Slouching Towards Bethlehem" é o ultimo verso do poema de William Butler Yeats "The Second Coming". Frase usada para descrever a lenta chegada de uma revelação apocalíptica que mudará para sempre o mundo [N.T.].

estar presente enquanto estava comigo. Segundos depois, imaginei a paciente esperando em irritante estado de urgência para chegar até mim. Ao me conduzir no trajeto da sala de espera ao consultório, pude sentir em meu corpo a paciente absorvendo cada detalhe do corredor. Notei vários pequenos pedaços de papel do meu bloco de anotações no tapete. Eu sabia *que a paciente os percebia e os acumulava "dentro" de si para dissecá-los mentalmente e em silêncio durante e após a sessão. Senti de modo muito concreto que aqueles pedaços de papel eram partes minhas que estavam sendo feitas reféns. (As "fantasias" que descrevo nesse momento eram àquela altura quase inteiramente sensações físicas em contraposição a narrativas verbais.)*

Quando a sra. B, uma arquiteta divorciada de 41 anos, deitou-se no divã, arqueou as costas, indicando de forma tácita que o divã fazia suas costas doerem. (Nos meses anteriores, em várias ocasiões queixara-se de que meu divã causava desconforto em suas costas.)[8] *Eu disse que ela parecia começar a hora registrando seu protesto por sentir que eu não me importava suficientemente com ela para lhe proporcionar um lugar confortável aqui. (No momento em que eu pronunciava essas palavras, conseguia perceber tanto a frieza em minha voz quanto a natureza reflexiva e pouco espontânea da interpretação. Era uma acusação disfarçada de interpretação – eu contava involuntariamente à sra. B minha frustração, raiva e sentimentos de inadequação de cada vez maiores em relação ao nosso trabalho juntos.) A sra. B respondeu ao*

8 Em sessão a ser discutida depois, Ogden considera que as ações da sra. B poderiam ser uma mímica de relação sexual.

> *meu comentário dizendo "o divã é assim". (Havia dureza no fato de a paciente dizer "é" em vez de "parece".) (p. 572)*

Nesse caso, Ogden considera que suas diversas reações contratransferenciais, até mesmo seus sintomas somáticos, são rêveries. Contudo, como indica o trabalho da Escola Psicossomática de Paris, "os sintomas somáticos resultavam da inibição ou de falhas da elaboração psíquica que as precede ou as acompanha" (Aisenstein & Smadja, 2010, p. 343). Em suma, eles consideram que os sintomas psicossomáticos resultam de um *problema no pensar, ou não pensamento* – ou seja, falha de representação.

Continuando a pensar em seu trabalho com a sra. B, Ogden antecipa continuamente a rejeição de qualquer interpretação que faça ou deixe de fazer. Então relata:

> *Comecei a pensar na cena de um filme que tinha visto no fim de semana anterior. Um oficial corrupto recebeu ordens de se matar do seu chefe mafioso. O funcionário corrupto estacionou seu carro no acostamento de uma rodovia movimentada e encostou uma pistola na lateral de sua cabeça. O carro foi filmado a distância, do outro lado da rodovia. A janela do lado do motorista em um instante tornou-se uma lâmina de sólido vermelho, mas não quebrou. O som do suicídio não foi um som de tiro, mas o som do tráfego ininterrupto. (Esses pensamentos foram bem discretos, ocupando apenas alguns segundos). (p. 575)*

Enquanto muitos analistas se questionariam a respeito do nível de raiva que estariam sentindo com esse pensamento, Ogden não se interessa pelo significado *dinâmico* do que pensa. Por considerar que seus pensamentos são *rêveries*, não lhe interessa o significado dinâmico do motivo pelo qual essa imagem surgiu *nesse momento*.

Em seguida, Ogden nos conta que começou a ter pensamentos obsessivos (ele pensava neles como um jogo, mas não me pareceu um jogo) sobre a sincronização do relógio do outro lado da sala com o momento em que o relógio digital da sua secretária eletrônica ao lado de sua cadeira mudaria de dígito. Como sabemos que muitas vezes os pensamentos obsessivos funcionam como defesa contra pensamentos assassinos, parece possível que esta tenha sido uma reação defensiva contra o fato de associar sua lembrança do oficial corrupto cometendo suicídio com a sra. B. e a raiva sentida em relação a ela. Considerar que esses pensamentos fossem um "jogo" pode sugerir que ele estivesse minimizando a estranha natureza de seus pensamentos.

Em geral, Ogden parecia estar sob a influência de elementos beta ao descrever um sentimento que teve no momento, que era uma "natureza perturbadora da claustrofobia e de outros sentimentos mal definidos que eu vivenciava" (p. 576). Ogden então se lembra do telefonema de um amigo, no início do dia, contando que precisava de uma cirurgia urgente de ponte de safena. No que aparenta ser uma reação comum de culpa, Ogden fantasia que recebeu essa mesma notícia, imaginando que não acordaria da cirurgia. Ele interpreta isso como se proteger ao "transformar de modo narcísico o evento na fantasia em uma história em que eu recebo a notícia" (p. 586). Se essa fantasia teve intenção protetora, pareceu bastante malsucedida, pois foi seguida por uma rápida sensação de dormência (morte) e intensos temores de solidão, perda e nunca mais acordar. Ogden *formula a hipótese, em retrospecto*, de que seus sentimentos "referem-se à opressiva 'morte em vida' da analisanda, bem como ao meu próprio estado de anestesia na análise, do qual eu inconscientemente temia jamais acordar" (p. 586). No entanto, na época, os pensamentos de Ogden se voltaram para outra reação de culpa em relação a uma amiga (J) que estava morrendo de câncer de mama, com quem ele sentia que não poderia estar para compartilhar os sentimentos de isolamento dela. Ele descreve a "dolorosa sensação de vergonha em relação à minha sensação de não ter conseguido avaliar a profundidade do isolamento que J vivenciava" (p. 587). Aparentemente, esses sentimentos levaram a uma importante mudança psicológica em Ogden, em que ele parece conseguir iniciar um contato mais próximo com sua paciente.

Ogden então relata:

> *O conteúdo simbólico e afetivo da* rêverie *era pouco consciente e ainda não constituía uma autoconscientização da percepção de isolamento sobre a qual eu pudesse falar comigo mesmo ou a partir da qual eu pudesse falar com a paciente. No entanto, apesar de nesse momento não ter ocorrido a compreensão consciente e simbolizada verbalmente da experiência de* rêverie, *ocorreu um importante movimento psicológico* inconsciente *que, como se verá, moldou de maneira significativa os acontecimentos subsequentes da sessão. (p. 587)*

Tenho a impressão de que aqui Ogden passa da raiva assassina em relação à sra. B para a reparação, terminando com simpatia pela situação difícil da sra. B. Isso é resultado da *rêverie*, ou *as* rêveries *resultam de um processo defensivo que leva de pensamentos assassinos a pensamentos solidários*? Embora seja difícil dar uma resposta definitiva, é impressionante que Ogden não leve em consideração o *significado dinâmico* do seu pensamento.

Ogden não diz nada nessa primeira sessão, mas a sra. B começa a sessão seguinte com um sonho.

> *Estava observando um homem cuidar de um bebê em um tipo de lugar ao ar livre que poderia ser um parque. Ele parecia estar fazendo um bom trabalho no cuidado. Carregou o bebê até uma escada íngreme de concreto e levantou o bebê como se tivesse um escorregador para colocá-lo, mas não havia escorregador. Ele soltou o bebê e deixou-o descer as escadas. Pude ver o pescoço do bebê quebrar ao atingir o degrau mais alto e notei que sua cabeça e seu pescoço ficaram moles. Quando o bebê pousou no pé da escada, o homem pegou seu corpo imóvel. Fiquei surpresa que o bebê não estivesse chorando. Ele olhou diretamente nos meus olhos e sorriu de forma estranha. (p. 578)*

É tentador pensar que a mudança de Ogden no contato empático durante o final da sessão anterior pode ter ajudado a sra. B a sonhar. Uma mudança sutil no jeito de olhar para o paciente ou dizer "adeus" pode ter esse efeito. Ogden, em contraposição ao sentimento habitual de desconexão com os sonhos da sra. B, sente-se perturbado por esse, o que sente como um passo positivo (em lugar de nada sentir). No entanto, a sra. B não disse mais nada sobre o sonho, começando um relato detalhado sobre um projeto no trabalho, o que Ogden considerou defensivo. Ogden então faz uma rara *interpretação emocionalmente saturada da defesa*, dizendo:

> *Eu a interrompi após alguns minutos e disse que, ao me contar o sonho, ela tentara dizer algo que considerou importante que eu ouvisse e, ao mesmo tempo, temia me fazer ouvir. O fato de ela enterrar o sonho em meio ao ruído dos detalhes do projeto fez parecer que nada de significativo teria sido dito para mim. (pp. 578-579)*

Desse modo, Ogden valoriza a importância do sonho e reconhece a defesa contra ele. Em seguida acontece algo impressionante porque a sra. B, de maneira emocionalmente significativa, pode observar a si mesma com perspicácia e proporcionar *insights* sobre o sonho. Assim, parece-me que quando Ogden consegue valorizar a *significância* de algo para a sra. B, e a defesa contra isso, a sra. B tem maior capacidade de investimento emocional em *seus próprios* sentimentos e ideias. Ficou perturbada por se sentir "imobilizada" no sonho, e sentiu que podia se ver tanto como o bebê quanto como o homem. Depois, ela diz:

> *ficou muito assustada com sua facilidade de se tornar o homem e o bebê no sonho, ou seja, como entra facilmente em um modo "robótico" no qual é plenamente capaz de destruir a análise e sua vida. Estava apavorada com sua capacidade de se enganar, assim como homem parecia acreditar que estava colocando um bebê em um escorregador. Ela poderia destruir a análise com facilidade dessa maneira irracional. Sentiu que não podia confiar em sua capacidade de distinguir a conversa real que visa à mudança da "pseudoconversa" cujo objetivo é me fazer pensar que ela está dizendo algo quando não está. Ela disse que, mesmo naquele momento, não conseguia distinguir o que realmente sentia do que estava inventando. (pp. 578-579)*

Mais uma vez, há uma mudança notável na capacidade de autorreflexão da sra. B após Ogden reconhecer que *há algo significativo para a sra. B nesse sonho e em sua defesa contra ele.* Freud (1914) descreveu o reconhecimento das defesas (resistências) como o primeiro passo na elaboração, cuja importância foi investigada por mim (Busch,

1993, 1995, 2000, 2014) e outros (Gray, 1994; Paniagua, 2001). É um modo diferente de trabalhar na clínica do que considerar a *rêverie* do analista o início de um processo transformador para o paciente.

De outra perspectiva, a primeira associação da sra. B ao sonho foi a sensação de muitas vezes sentir-se "abandonada" por Ogden nas sessões, o que rapidamente ela *negou*. Essa negação parece defensiva, pois o próprio Ogden relata que na sessão anterior perdeu[9] o contato com ela por meio de suas reações contratransferenciais e seu pensamento obsessivo. Além disso, enquanto suas *rêveries* parecem afinal ajudá-lo a retornar para a paciente, eu me pergunto quanto a paciente se sente derrubada nessas ocasiões. Vale a pena se perguntar se o pensamento da paciente sobre sua própria destrutividade é uma internalização de seu pensamento negado sobre os efeitos destrutivos do desaparecimento de Ogden.

A sessão seguinte começa com Ogden vendo desdém quando a sra. B pega um fio solto do divã. *É um momento interessante e suscita a questão de como determinamos* o que um paciente está fazendo para se proteger, atuar uma fantasia, ou quando está comunicando uma mensagem. Acontece que a sra. B estava em um frenesi de limpeza desde as 4 da manhã. Disse que se sentia um fracasso na vida e na análise, e sentia que não havia nada mais que pudesse fazer além de controlar as "coisas ridículas" que podia. Ogden faz uma interpretação transferencial genérica de que essa tinha sido uma resposta ansiosa ao sentimento dela de que tinha feito uma bagunça (ou seja, falado demais) na sessão anterior, ao que a paciente dá notícia por mera formalidade antes de continuar. É difícil saber se a resposta da sra. B "por mera formalidade" é um retorno aos sentimentos desdenhosos descritos por Ogden ou a reação a uma interpretação equivocada.

Ogden então percebe a luz e o formato em um vaso em seu consultório, que ele associa a um corpo de mulher. Tem então

9 No original foi usado "*dropped*" [N.T.].

uma imagem que provoca ansiedade nele, de um recipiente de aço inoxidável em uma fábrica de processamento de alimentos em que as engrenagens não funcionavam, e uma catástrofe estava prestes a acontecer.

> *Recordei a extrema dificuldade que a mãe da sra. B tivera com a amamentação. Segundo a mãe, a paciente mordeu os mamilos dela com tanta força que eles ficaram inflamados e a amamentação foi interrompida.*
>
> *Tive o pensamento de que estava experimentando um sentimento de vivacidade sensual e sexual com a sra. B, mas fiquei ansioso com ele e transformei sua feminilidade (seus seios) em algo desumano (o recipiente de aço inoxidável e seus mamilos/engrenagens). Aparentemente eu sentia que um colapso catastrófico se seguiria imediatamente na esteira do desejo sexual pela sra. B e do prazer sensual com ela. (pp. 581-582)*

Na formulação de suas frases, Ogden deixa em aberto quem teria o colapso catastrófico e por que isso aconteceria. O interessante é que Ogden então reconsidera o arqueamento das costas da sra. B na primeira sessão, que inicialmente ele sentira como condenação ao seu divã desconfortável, como uma "caricatura obscena de relação sexual", embora o motivo da "obscenidade" não esteja claro. Interroguei-me quem estaria sentindo desdém por quem nesse momento.

Ogden relata a seguir que mais adiante na sessão a paciente se lembra de um sonho que queria lhe contar, o que faz de maneira animada.

> *Acabei de ter um bebê e estou olhando para ele no berço. Não vejo nada de meu em seu rosto, que é escuro, em formato de coração e mediterrâneo. Não o reconheço*

> *como algo que tenha saído de mim. Penso: "Como eu poderia ter dado à luz uma coisa dessas". Eu o pego e aconchego e aconchego e aconchego e ele se transforma num garotinho com cabelo desgrenhado e encaracolado.*
>
> *A sra. B disse: "Ao lhe contar o sonho, eu estava pensando no fato de que o que sai de mim aqui não se parece comigo. Não tenho qualquer orgulho nem sinto qualquer ligação com isso". (p. 581)*

Ogden sugere à sra. B que, embora ela sinto nojo de tudo o que sai dela na análise, ela ficou temerosa de deixá-lo saber do amor que sentia pela criança no sonho. A paciente aprecia que Ogden reconheça esse lado dela, mas,

> *ao mesmo tempo, sentia-se cada vez mais tensa a cada palavra que eu dizia, temendo que eu dissesse algo que a deixasse embaraçada. Acrescentou que era como se eu a despisse e ela ficasse nua no divã. Após um silêncio de quase um minuto, ela disse que era difícil me dizer isso, mas passou em sua mente enquanto ela se imaginava nua no divã o pensamento de que eu olharia para seus seios e os acharia pequenos demais. (p. 582)*

Em vez de responder à natureza libidinal da animação da sra. B ao contar o sonho, e à sua fantasia sexual de ser despida por Ogden, os pensamentos dele se voltam para J, a mulher que morreu de câncer de mama. Ogden relata: "Pensei na agonia que cercava a cirurgia de câncer de mama de J e, nesse momento da hora, tomei consciência de sentir tanto uma onda de meu profundo amor por J junto com a tristeza do enorme vazio que sua morte deixara em minha vida" (p. 582). Transformar os pensamentos libidinais da sra.

B em lembranças de destrutividade e de perda permite a Ogden "uma vivência de sentir falta da humanidade da sra. B que visceralmente eu sabia existir, mas que só tinha permissão de vislumbrar fugazmente de longe" (p. 583).

Ogden então interpreta para a sra. B que "pensava que seu sonho e nossa discussão sobre ele pareciam também envolver sentimentos de tristeza por grandes porções da vida dela estarem sendo desnecessariamente desperdiçadas, 'jogadas fora'". Ele continuou nessa linha. Ogden então relatou que a sra. B tinha "lágrimas no rosto, mas não havia qualquer som de choro em sua voz quando ela disse que não havia colocado o sentimento em palavras anteriormente, mas boa parte da sua vergonha com seus seios é eles parecerem seios de menino que jamais poderiam produzir leite para um bebê" (p. 583).

É possível interrogar se o fato de Ogden ter dessexualizado a fantasia da sra. B desempenhou um papel na fantasia depressiva e regressiva de que seus seios seriam inadequados para serem atraentes. Lembremos que ele transforma a fantasia conflitante dela a respeito de Ogden despi-la em uma associação com a perda e a destruição do seio. Além disso, temos a associação anterior de Ogden com os seios dela, que aparentemente criou ansiedade nele, levando-o a transformar os pensamentos sobre os seios dela em algo mecânico.

Finalmente, na descrição de Ogden sobre suas reações no trabalho com a sra. B, muitas vezes fiquei perplexo a respeito de como ele chegou à sua compreensão do que estava acontecendo. Por exemplo, seus pensamentos *obsessivos* sobre os dois relógios em seu consultório que ele descreve como um *jogo*. Ele o vê como um "apelo" (p. 588), e é difícil saber como ele chegou a essa conclusão. Além disso, suscita a interessante questão sobre a maneira como *sabemos* algo dos nossos pensamentos ou sentimentos em uma sessão.[10] Na verdade,

10 Isso será abordado em capítulo posterior.

sua descrição do que se tratava o apelo foi igualmente intrigante no que diz respeito ao modo como ele chegou a esse ponto de vista.

> *O "jogo mental" como o experimentei nesse momento estava repleto não de tédio, desligamento e claustrofobia, mas de desespero que parecia um apelo. Era um apelo por alguém ou algo em que confiar, algum ponto de ancoragem que pudesse ser conhecido e localizado com precisão e que, mesmo que só por um instante, ficaria parado. Esses eram sentimentos que na hora pareceram "multivalentes", isto é, pareciam ter influência simultaneamente em meus sentimentos sobre J (não sentimentos "antigos", mas sentimentos que tomavam forma no momento) e sobre o relacionamento analítico em evolução. (p. 588)*

Como acontece com nossos pacientes, muitas vezes é apenas quando o analista permite que sua mente vagueie livremente, para ver os pensamentos surpreendentes que surgem, que ocorre uma pista do significado inconsciente de um jogo ou sintoma. No modo de pensar de Ogden, é apenas a primeira surpresa (uma *rêverie*) que parece importante, *não as surpresas acerca da surpresa.*

"Sobre a incapacidade de sonhar" (2003)

Desde o início da sessão relatada nesse artigo, Ogden parece desligar-se do sonho da paciente enquanto segue seu próprio sonho do que está ocorrendo. Assim, ele inicia a descrição de uma sessão da seguinte maneira:

> *Quando fui ao encontro da sra. C para nossa sessão, fiquei surpreso ao abrir a porta da sala de espera e encontrá-la parada a apenas 30 centímetros de mim. O efeito foi desconcertante: meu rosto pareceu próximo demais do dela. De maneira reflexa, desviei meu olhar.*
>
> *Assim que a sra. C deitou-se no divã, iniciei dizendo que algo incomum havia acontecido na sala de espera. Ela provavelmente tinha percebido que eu me assustara ao encontrá-la mais perto de mim do que seria habitual quando abri a porta da sala de espera. A sra. C não respondeu à minha pergunta implícita a respeito de ter percebido ou não minha surpresa. Em vez disso, ela emitiu mecanicamente algo que me pareceu uma série de ideias analíticas pré-empacotadas: "Talvez eu estivesse sexualizando ou pervertendo o acontecimento. Talvez eu estivesse raivosamente tentando ficar 'na sua cara'". Aparentemente, para a sra. C., essas ideias eram totalmente intercambiáveis. Ela passou a desenvolver esses "pensamentos" longamente de um modo que pareceu entorpecedor. (p. 24)*

O início dessa sessão suscita uma questão muito interessante. Há muitos momentos na análise em que algo incomum ocorre, como Ogden descreveu. Pode ser algo que o paciente ou o analista fazem, ou ruídos altos repentinos vindos de obras próximas ao consultório do analista etc. Apesar de podermos entender a resposta assustada de Ogden, isso não necessariamente significa que a sra. C a percebeu, ou para ela essa pode não ter sido a parte mais importante do que aconteceu. Parece possível que isso tenha desempenhado um papel em suas associações empacotadas, já que a reação dele teve essa sensação de transferência "empacotada". É como aquelas interpretações transferenciais antes das férias do analista que encaixam tudo em suas férias iminentes. Se um dos nossos objetivos é aumentar a capacidade de sonhar, *não deveríamos respeitar também a defesa do paciente contra sonhar e seu direito de ter seu próprio sonho que talvez ainda não conheçamos*? Ou seja, antes de interpretar o que *supomos* que o paciente está pensando, precisamos esperar para ouvir o que está em sua mente *ou contemplar sua necessidade de mantê-lo oculto.*

Embora a sra. C pareça não investir no incidente na porta conforme Ogden o vivenciou, ele tenta trazê-la de volta a ele, com uma interpretação baseada em seu trabalho anterior com ela. "Em um esforço para dizer algo que me parecesse menos desconectado dos sentimentos envolvidos no evento como eu o havia vivenciado, eu disse à sra. C que talvez ela tivesse medo de que eu não a visse na sala de espera se ela não se posicionasse do jeito que fez" (p. 24). Ogden sentiu que essas palavras eram *vagas*, possivelmente por não ter ainda permitido espaço suficiente na sessão para a sra. C saber qual seria sua resposta emocional a tudo isso, ou mesmo se teria alguma resposta emocional ao incidente da porta que fosse compatível com a de Ogden. A meu ver, o problema é *Ogden considerar que seus sentimentos são construídos a dois com a sra. C* e, portanto, não sentir a necessidade de esperar e ouvi-la contar seu lado da história. Pode-se caracterizar esse descarrilamento inicial da sessão da seguinte maneira: por ansiedade, Ogden se sente impulsionado a mencionar uma observação "empacotada" sobre como a entrada da sra. C o assustou, e ela responde de maneira "empacotada", ao que Ogden responde então com uma interpretação "empacotada".

Ogden relata, então, que a sra. C respondeu lembrando o que ele descreve como "as minúcias inesgotáveis" do seu dia. Após dizer que suas interpretações para a sra. C muitas vezes levavam a uma enxurrada de palavras vazias, ele relata: "Parecia-me que, muitas vezes, minha necessidade de interpretar era motivada por um desejo de afirmar o fato de que eu estava presente na sala. Também percebi algumas vezes retrospectivamente que minhas interpretações em parte tinham sido esforços exasperados de devolver à paciente sua torrente aparentemente interminável de palavras e formulações psicanalíticas, que eu considerava esgotante e sufocante" (p. 24). Assim, parece possível que a concretude da sra. C pudesse ser, em parte, uma formação de compromisso inconsciente – ou seja, tanto uma tentativa de afastar os sentimentos contratransferenciais dolorosos de Ogden quanto, de outra forma, uma retaliação pelas observações dele expressas em *linguagem de ação*.

A sra. C então narra uma noite agitada em que despertou várias vezes, e Ogden relata: "Como lhe era característico, ela não mencionou sua resposta emocional a qualquer dos eventos descritos" (p. 24). Como já vimos antes, quando se irrita, Ogden tem uma *rêverie* sobre alguém em crise médica, dessa vez um ex-paciente (sr. N) que estava hospitalizado devido a uma reação psicótica a narcóticos que lhe foram prescritos. Ogden então diz: "Essa *rêverie* sobre o sr. N deixou-me extremamente ansioso, mas as razões do meu mal-estar eram opacas para mim" (p. 24). Ogden fala, então, sobre estar em um estado extremo em que parecia alguém sob coação de elementos beta não metabolizados, o que denomina "psicose contratransferencial" (p. 27). Está desorientado, perde a noção do tempo e tenta orientar-se olhando para o relógio, mas o relógio olha para ele com um olhar vazio. Ele teme estar perdendo a cabeça. Mais tarde, formula a hipótese de que sua "psicose" deveu-se à "privação crônica de *rêverie*" (p. 27), que ele compara à psicose que pode se desenvolver após a privação de sono.

Como Ogden conclui que sua "psicose" deveu-se à "privação crônica de *rêveries*"? Ogden não nos dá nenhuma pista de como isso aconteceu. Encontrei apenas uma outra referência a esse tipo de estado (Hermon, 2016), portanto, *psicose devido à privação crônica de* rêverie parece uma experiência singular de Ogden. Em seu mundo construído a dois, a paciente merece algum crédito pelo estado mental de perturbação de Ogden, mas não fica claro como.

A seguir, a sra. C fala em vender seu apartamento e no incômodo com seu corretor de imóveis, que quer que o apartamento seja "montado" (ou seja, um decorador de interiores arruma o apartamento para a venda). Ogden pensa em várias interpretações, mas não diz nada porque "fazê-lo seria juntar-se à paciente usando palavras para obscurecer meu sentimento de arbitrariedade pelo fato de estarmos no mesmo recinto – um recinto que naquele momento não parecia um consultório de análise" (p. 25).

Ogden tenta se reorientar para a sra. C recordando o motivo que a trouxe para tratamento, que tinha a ver com sentir-se inútil em todas as áreas da sua vida. Recordou que ela tentara antidepressivos, o que o levou a pensar novamente no sr. N, e no fato de possivelmente ter compactuado com ele ao pensar que sua alucinação com música de Natal fosse apenas uma reação aos narcóticos, sem considerar que *o sr. N estava evitando sentimentos de tristeza*. Ogden nos conta suas *especulações* a respeito de por que isso pode ter acontecido, mas então toma consciência de que no tratamento da sra. C era raro ele ter uma *rêverie*. Sente-se aliviado com esse reconhecimento. Impressiona-me mais uma vez como ele consegue entrar em contato consigo mesmo e com a paciente sentindo pena dela, como ocorreu no caso anterior ao reconhecer a solidão da paciente.

A paciente inicia a sessão seguinte com um sonho. *Como o leitor verá, Ogden está menos interessado no simbolismo do sonho do que em suas próprias* rêveries.

> *Estou em uma sessão com você. (A sra. C apontou para o chão). É aqui neste consultório, pela manhã, a esta hora. É esta sessão. Daí pareceu mudar e estou em outra parte de um grande prédio comercial. Há muitas salas, não apenas*

> *as que realmente existem aqui. Havia coisas por todo lado. Havia velhos pratos de plástico amarelados, latas vazias de tinta – não me lembro o que mais –, livros e papéis espalhados por todo o chão. Fico ansiosa só de pensar nisso. Eu não sabia dizer para que se usava a sala. Havia também cinco ou seis quadros apoiados na parede, mas eu só conseguia ver a parte traseira do de fora. Há uma gaveta numa escrivaninha que quero muito abrir para ver o que tem dentro, mas acordei antes de poder abri-la. Fiquei muito decepcionada porque o sonho foi interrompido antes de eu poder olhar dentro da gaveta. (p. 26)*

A sra. C fica em silêncio por vários minutos após o sonho.[11] Ogden então tem uma *rêverie* sobre um amigo que morreu. *Assim, mais uma vez, amigos ou pacientes doentes ou moribundos são os temas das suas* rêveries. A *rêverie* específica desse momento é sobre uma visita ao amigo, em coma, no hospital; ao pegar a mão dele, surpreende-se, pois está muito quente.

Isso leva Ogden às seguintes reflexões:

> *A* rêverie *envolvendo o calor inesperado da mão de E contribuiu para eu tomar consciência da afeição cada vez maior que vinha sentindo pela sra. C ao longo das últimas semanas.*[12] *Após um tempo, eu disse à sra. C que*

---

11 Isso suscita uma questão interessante: "Como compreender uma paciente que tem um sonho noturno, aparentemente rico em símbolos, mas é incapaz de ter sonhos de vigília em relação aos seus sonhos noturnos?". Pode-se dizer que a paciente parece incapaz de representar as representações de seus sonhos, ou simbolizar seus símbolos.

12 Essa observação parece surpreendente tendo em vista seus sentimentos em momento anterior da sessão.

> *possivelmente errara na sessão anterior ao dizer que ela estaria preocupada de eu não conseguir notá-la na sala de espera caso não estivesse muito perto de mim quando eu abrisse a porta. Disse-lhe que agora eu achava que talvez ela simplesmente quisesse estar perto de mim e lamentava não ter me dado permissão de saber disso naquele momento. A sra. C chorou. Depois de algum tempo, agradeceu-me por ter entendido algo que ela não sabia, mas que sentia ser verdadeiro. Acrescentou que era raro saber algo desse jeito, sem ter um milhão de outras coisas rodopiando em sua cabeça. (p. 27)*

Ogden, então, sente-se "intensamente triste" pela sra. C e por tudo o que ela perdeu na vida, e vincula isso ao que ele perdeu dos sentimentos de carinho da sra. C em relação a ele. Sentiu-se animado com a ideia de que ela ainda tinha muitos anos para viver e experimentar a vida, associando isso ao fato de a sra. C dizer que estava decepcionada, mas não deprimida, no final do sonho. Ao contrário, estava animada com o que poderia sonhar "esta noite".

É fascinante que, sentindo-se mais em condições de entender a sra. C nas semanas seguintes, Ogden formule a hipótese de que sua incapacidade anterior de fazê-lo foi causada pela "incapacidade de sonhar a experiência emocional da sra. C (seu sonho não sonhado) que ela evacuara para dentro de mim" (p. 28). *Essa é uma descrição, não uma explicação. Uma explicação nos ajudaria a entender por que ele não conseguiu entender melhor as evacuações dela.* Parece que se ele usar a evacuação dela como explicação, isso resolve a questão em sua mente, mas não aborda o problema de por que ele não conseguiu metabolizar as evacuações dela. Ogden sente que a sra. C toma conta da mente dele e a mantém refém, mas ao vivenciar de maneira rápida uma conexão com ela por meio da tristeza na primeira sessão relatada, a sra. C pode sonhar naquela noite. Além disso, em contraste com o que Ogden vivencia como uso entorpecente de palavras, o sonho dela está repleto de inúmeros símbolos que parecem potencialmente significativos se Ogden estivesse interessado neles. Isso me faz questionar quem está impedindo quem de sonhar.

No que parece uma coda misteriosa, como o que aconteceu com a paciente no artigo de 1997, Ogden sente maior simpatia pela sra. C quando conflitos sobre a sexualidade vêm à tona. A sra. C há muito se perguntava por que, por volta dos 12 anos, ela sentiu que seu pai encerrou o que antes era um relacionamento caloroso e amoroso. Ogden e a paciente agora entendem isso como o medo recíproco pelos sentimentos sexuais e românticos que estavam se desenvolvendo. Ogden termina sua discussão ainda sem se apropriar dos sentimentos sexuais dele e da paciente na transferência ao dizer de modo enigmático: "Esses sentimentos e pensamentos foram usados para aprofundar o trabalho psicológico com 'o incidente da sala de espera': a paciente e eu conseguimos passar a sonhar (e, assim, viver) essa experiência juntos – experiência que continuou mudando à medida que continuávamos sonhando-a" (p. 29).

Conclusões em destaque

1. O ponto de vista de Ogden é que basta ao analista ter uma *rêverie*, sem necessariamente transformá-la em interpretação em algum momento. Ogden descarta o papel de transformar *o que não está mentalizado em símbolos* e novas estruturas, e seu papel continente.

2. Para Ogden, a *rêverie* é o *estado mental* que ele traz para a sessão analítica. Aparentemente ele se considera em estado de *rêverie* mesmo nos momentos em que tem reações contratransferenciais intensas, nos quais parece perder o contato com sua mente pensante e sonhadora.

3. Às vezes Ogden usa os termos *rêverie* e contratransferência de modo intercambiável, o que parece não estar no espírito do ponto de vista de Bion sobre a *rêverie*, que produz crescimento. Ele também equipara *rêverie* com associação livre ou, às vezes, apenas uma conversa animada em que os dois interlocutores falam de forma livre e com vivacidade.
4. Ogden considera que todas as reações contratransferenciais são *rêveries*. Não diferencia contratransferências de ódio, somáticas ou positivas.
5. Apesar de o objetivo do tratamento ser a liberdade para uma conversa onírica, quando Ogden faz interpretações, elas tendem a ser extremamente saturadas, o que pode levar ao fechamento do pensamento. Na verdade, Ogden não parece muito interessado no que o paciente está comunicando a respeito do que pensa. Nas poucas vezes em que parece dar valor genuíno a algo que o paciente sente, o paciente sonha.
6. Ele parece ter um problema contínuo com a raiva quando os pacientes são concretos. Todos nós podemos nos sentir assim às vezes. Isso pode acontecer com Ogden já em sua primeira sessão com um paciente.
7. Muitas lembranças que vêm à mente de Ogden são de amigos que sofreram infortúnios, estão doentes ou morrendo, em relação a quem ele se sente mal, por si mesmo ou por como os tratou. Muitas vezes parecem reações hostis dirigidas ao paciente, acompanhadas de sentimento de culpa; outras vezes, parecem defesas contra esses sentimentos. Ele não considera que suas reações sejam defensivas.
8. Os sentimentos sexuais parecem estar no pano de fundo dessas sessões, mas, na maioria das vezes, Ogden não toma consciência deles, defende-se contra eles ou os considera secundários.

Antonino Ferro

Antonino Ferro publicou de maneira ampla sobre *rêverie* e deu palestras sobre o tema ao redor do mundo. As pessoas que tiveram o prazer de ouvi-lo em presença apreciam imediatamente sua disposição calorosa e o prazer que ele sente ao explicar suas ideias. É um mestre em esclarecer processos complexos com metáforas simples. Acredito que seu conceito de *interpretações insaturadas* é crucial para psicanalistas de todas as correntes teóricas. Há poucos analistas tão experientes quanto Ferro em entretecer as associações de um paciente. No entanto, apenas lendo extensivamente sua obra publicada é possível vislumbrar *o novo paradigma que ele defende para o papel da* rêverie *como parte do processo curativo em psicanálise.* Seu ponto de vista sobre *rêveries* como fator curativo em si está mais próximo do de Ogden que daquele dos Rocha Barros, mas seu ponto de vista a respeito do que é uma *rêverie* aproxima-se do dos Rocha Barros em alguns pontos, mas não em outros. Além disso, há momentos em que, ao citar os pontos de vista de Bion sobre o processo interpretativo, Ferro se assemelha a outros analistas contemporâneos que usam suas *rêveries*[13] para escutar o que está disponível de modo pré-consciente e interpretar para o pré-consciente (como observado em Busch, 2014). Por exemplo, Ferro (2006) observa, "às vezes certas interpretações são tão úteis quanto dar uma longa explicação sobre o funcionamento do aparelho digestivo para um bebê" (p. 990), o que faz lembrar a sugestão de Freud (1910) de que as interpretações do significado inconsciente antes de o paciente estar pronto "têm tanta influência sobre os sintomas da doença nervosa quanto a distribuição de cardápios em tempos de escassez tem sobre a fome" (p. 225). Ferro também afirmou que "para tirar o coelho da cartola,

13 Em seus relatos, tomamos conhecimento principalmente do resultado das *rêveries* de Ferro, e não das *rêveries* em si. Como mencionado anteriormente, ele publicou um livro independente sobre suas *rêveries* (Ferro, 2015).

as orelhas devem ao menos estar visíveis ou perceptíveis de algum modo" (2006, p. 990). Green (1974), cerca de trinta anos antes, apresentou sua própria metáfora animal para o *timing* das interpretações quando disse que o analista não pode correr como lebre quando o paciente se move como tartaruga. No entanto, Ferro não enfatiza esse aspecto de seu trabalho (ou seja, a importância de trabalhar com o que está disponível de modo pré-consciente). Também tenho a impressão de que muitas interpretações de Ferro poderiam vir da "atenção uniformemente suspensa" do analista (Freud, 1912, p. 101). Em suas próprias palavras, porém, Ferro (2006) considera que seu modo de trabalhar é diferente do conceito clássico de interpretação, que ele caracteriza como "substituída pelas atividades do analista, que ativam transformações no campo, transformações que também podem *derivar do estado mental cambiante do analista*, de intervenções mínimas que funcionam quase como enzimas" (p. 991, grifos nossos). Aqui temos o ponto de vista de Ferro, semelhante ao de Ogden, *de que as transformações ocorrem por meio de mudanças na mente do analista*. Ele afirma:

> *O que importa é até que ponto a mente do analista recebe e transforma as angústias do paciente no presente; é irrelevante em que medida a teoria do analista inclui isso.* A questão essencial é o que o analista faz na realidade do ponto de vista das microtransformações que ocorrem na sessão, independentemente do que ele pensa que está fazendo ou do dialeto em que ele pensa que está fazendo. *(Ferro, 2002c, p. 9)*

Em vários exemplos clínicos, tem-se a impressão de que Ferro acredita que a capacidade do analista de transformar elementos não digeridos, mesmo *após uma sessão*, pode afetar a maneira de o paciente responder na sessão seguinte.

> *Aplicarei aqui esse princípio bioniano (o paciente como o melhor colega) a um sonho, que apresentarei como evidência de que a função alfa está constantemente em ação. Uma espécie de sistema de navegação por satélite sonha em tempo real o que acontece no consultório do analista após uma interpretação.* Esse sonho, a meu ver, não precisa necessariamente ser interpretado, mas pode ser usado para facilitar o desenvolvimento do campo. *(Ferro, 2008, p. 199, grifos nossos)*

Em contraste, Ferro afirmou: "A *rêverie* do analista é central para o campo – isto é, sua capacidade de entrar em contato com seu sonho de vigília (e suas subunidades constituintes) e de *narrá-lo em palavras*, provocando assim transformações do campo em si" (Ferro & Basile, 2009, p. 14, grifos nossos). De fato, Ferro faz muito trabalho interpretativo. Capta-se sua maneira de interpretar na seguinte citação: "Bion também nos diz que a interpretação não precisa decodificar, mas ampliar a uma narração mítica, ou seja, transpor para um roteiro, narrativo ou em forma fílmica, que atualize e torne visível o que se está dizendo" (Ferro, 2006, pp. 990-991). Portanto, é difícil identificar como Ferro usa suas *rêveries*, pois vacila entre a importância das palavras para transformar as *rêveries* e a não necessidade das palavras. No mais das vezes, Ferro, ao contrário de Ogden, diferencia as *rêveries* da contratransferência. Além disso, Ferro considera que sua movimentação para o uso da "teoria de campo"[14] reduziu o significado das reações contratransferenciais em seu trabalho, a não ser quando o campo emudece (por exemplo, em reações terapêuticas negativas, silêncios extremos e impasses). Segundo ele, "todos os acontecimentos emocionais 'obscuros' que costumavam ser captados pela contratransferência agora *geralmente* – *antes* de

14 Baranger, Baranger e Mom (1983).

ativar as manifestações contratransferenciais – são sinalizados pelo campo, desde que o analista possa ouvir as narrações das sessões como parte do campo atual" (Ferro, 2006, p. 1000). Esse parece ser parte do motivo pelo qual Ferro dá tanto peso às suas *rêveries*, pois acredita que foram liberadas dos elementos contratransferenciais. Não fica evidente de que maneira Ferro vê a *forma* das *rêveries*. Sua visão declarada é que as *rêveries* tomam a forma de pictogramas. No entanto, nos numerosos exemplos clínicos que Ferro apresenta, as *rêveries* relatadas são poucas, e em seu livro publicado sobre *rêveries* (Ferro, 2015), fora alguns exemplos clínicos, os pictogramas não dominam. Eis aqui alguns exemplos do seu livro sobre *rêveries*:

1. "Para escrever na nova cidade, eles cobriram os quadros brancos com uma camada de preto e, lentamente, rasparam a cor para deixar apenas caracteres pretos finos no quadro, que gradualmente foram levados de volta ao branco. E ficaram satisfeitos" (p. 105).

2. "O fim do túnel não dava para o lado de fora. Havia um afresco na rocha sem saída representando uma paisagem: todos os carros colidiam com ela" (p. 180).

3. "Ele gravou cada ruído da longa agonia, cada silvo, bufo ou gorgolejo até o longo silêncio final. Sempre que temia que ela voltasse para atormentar sua vida como fizera por muito tempo, ele punha a gravação e reencontrava a paz e a serenidade na renovada confirmação que a doce música lhe dava da morte dela" (p. 128).

Ainda assim, Ferro frequentemente apresenta seu ponto de vista de que as *rêveries* são imagens. Ele considera os pictogramas, e seu primo mais primitivo, os "*flashes* oníricos",[15] como os elementos

15 Por definição, onírico é relativo aos sonhos. "*Flashes* oníricos", termo introduzido por Meltzer, reflete "a capacidade que a mente adquiriu para enfrentar identificações projetivas evacuativas, organizando-as com sucesso em pensamentos

básicos a partir dos quais as impressões sensoriais de todas as fontes são transformadas em imagens, que depois podem ser transformadas em pensamentos. Ferro acredita que as *rêveries* e os *flashes oníricos* são o modo como todas as experiências sensoriais e exteroceptivas são pictografadas[16] em tempo real. Além disso, Ferro acredita que essa é a única maneira de sintetizar pictogramas formados a partir de emoções. "Na *rêverie, uma imagem* que em geral está totalmente protegida surge na superfície, podendo ser vista com 'o olho da mente'; este é o nível máximo de contato que a mente pode ter consigo própria" (p. 53, grifos nossos). De acordo com Ferro, as pictografias de elementos alfa são imprevisíveis, mas em cada ocasião representam uma criação diferente, semelhante a uma poesia ou artefato artístico. Como Ogden, Ferro considera que a *rêverie* é um meio de acessar os pensamentos do sonho de vigília que acontecem todo o tempo. "Podemos acessar esse mundo onírico em seu processo contínuo de formação por meio de nossa *rêverie* na sessão analítica" (Ferro, 2002a, p. 598). *Ferro acredita que o analista compartilhar suas* rêveries *assemelha-se à autorrevelação, só devendo ocorrer em casos excepcionais* (Ferro & Nicoli, 2017).

Ferro também postula o que denomina *derivados narrativos, que ele equipara à associação livre* (Ferro, 2015), como outro método de transformar elementos alfa em sonhos de vigília. Ao contrário de Ogden, Ferro diferencia as *rêveries* das associações livres no sentido de que as *rêveries* caracterizam-se pelo *contato direto* com os

---

oníricos que ainda não conseguem encontrar um continente suficientemente estável. Em consequência, eles são de fato 'sonhos' possíveis, mas projetados para fora em enquadres isolados" (Ferro, 1993, p. 391). "Depois de anos de ausência reapareceu o '*flash* onírico': 'vejo um alicate'" (p. 399).

16 Essa atividade consiste em formar um pictograma ou ideograma visual a partir de cada estímulo, em outras palavras, uma imagem poética que sincroniza o resultado emocional de cada estímulo ou conjunto de estímulos. Isso é chamado de elemento alfa (Ferro, 2002b, p. 185). Como se vê, essa imagem é mais sofisticada que o *flash* onírico.

pictogramas que fazem parte do sonho de vigília. Em contraste, os derivados narrativos ocorrem quando o paciente usa associações livres (em palavras) que formam um todo integrado, seja como desenvolvimento no tratamento, seja em resposta à interpretação do analista. Nas palavras dele: "a sequência de pictogramas (pensamentos de sonho de vigília) é narrada – isto é, colocada em palavras . . . *derivados narrativos* dos pictogramas (ou dos elementos alfa, ou dos pensamentos do sonho de vigília) são o resultado" (Civitarese & Ferro, 2013, p. 200).

Antes de passar aos exemplos clínicos de Ferro, pode ser útil destacar alguns princípios terapêuticos que ele destaca:

1. "O objetivo fundamental da análise é enriquecer – ou em alguns casos fornecer pela primeira vez – o equipamento para metabolizar emoções e estados afetivos antes impensáveis" (Ferro, 2009, p. 178). Ele dá importância ínfima ao levantamento de repressões, aos *insights* ou à conscientização das fantasias inconscientes, o que, para mim, parece fazer parte da construção do equipamento de metabolização no modelo freudiano.

    a) O desenvolvimento da função alfa e do aparelho para sonhar os sonhos é o objetivo da análise. "A transformação em sonho é uma atividade realizada constantemente pela mente do analista, que despoja a comunicação do paciente de seu status de realidade e considera a sua narrativa como um sonho que se agrega, se transforma e se constrói em tempo real no encontro entre as duas mentes no trabalho. Isso porque a operação central realizada na análise é considerada o enriquecimento do *conjunto sonhador* (Grotstein, 2007)" (Ferro, 2008, p. 199).

    b) Nessas frases, Ferro equipara *rêveries* a pensamentos oníricos.

2. Ele usa os sonhos como uma Gestalt simbólica, enquanto os *significados simbólicos dos elementos individuais* são menos importantes para ele.

3. Ferro presume que quando tem uma imagem é uma *rêverie*. A partir de outra perspectiva, parece que seria difícil dizer *a priori* o que uma imagem representa.

4. Quando está na sessão, ele não pensa na história, infância ou sexualidade do paciente.

5. Ele considera que a capacidade de desenvolver pensamentos oníricos ocorre, em parte, por meio da identificação com o modo do analista de funcionar. "Tenho a expectativa de que o paciente introjete da maneira subliminar o modo de funcionamento do campo, mesmo que eu não saiba muito a respeito desse modo de funcionamento" (Ferro, 2008, p. 200).

6. O ponto de vista *declarado* de Ferro sobre interpretações transferenciais pode ser facilmente compreendido pelo título de uma seção de um de seus livros, "Uma doença chamada 'interpretação transferencial compulsiva'" (Ferro, 2009, p. 171). No entanto, chama a atenção que, nos poucos exemplos clínicos mais longos publicados por ele, *suas interpretações centrem-se inevitavelmente na transferência.*

7. Embora Ferro tenha sido o porta-voz mais articulado e convincente das interpretações insaturadas, ele também disse: "Desnecessário dizer que, dentre as possibilidades de intervenção que o analista pode utilizar sempre que lhe parecer útil, permanecem as *interpretações transferenciais saturadas*, por meio das quais se explicite a transferência no aqui e agora" (Ferro, 2006, p. 991, grifos nossos).

8. As transformações das *rêveries* ocorrem por meio de um processo de *esclarecimentos* (termo meu para separar os temas

afetivos em termos disponíveis ao pré-consciente) seguido de "contextualizações possíveis na transferência" (Ferro, 2009, p. 172).

9. Tenho a impressão de que os pontos de vista recentes de Ferro (Ferro & Nicoli, 2017) tornaram-se mais radicais. Como exemplo:

> *Acredito, então, que todos nós... precisamos nos defender do que já sabemos: tudo o que se sabe não deve mais nos interessar. Se estamos convencidos de que existe um inconsciente, ou algo que por enquanto denominamos assim – espero que no futuro possa ser substituído por algum outro conceito – e se pretendemos nos ocupar dele, significa que o que nos preocupa é o desconhecido. Tudo o que sei sobre um paciente, uma vez que eu o saiba, não me preocupa mais. Meu olhar, minha atenção, meu ouvido devem direcionar-se para tudo o que não sei. O mesmo vale para a teoria psicanalítica: em vez de consagrá-la ou torná-la objeto de investimento acrítico,*[17] *devemos começar a colocá-la de lado. (Ferro & Nicoli, 2017, p. 2)*

Como exemplo, Ferro sugere: "os conceitos de transferência e contratransferência foram tão importantes e geraram tantas novas ideias e estruturas que agora poderíamos facilmente prescindir deles" (p. 2).

---

17 Embora muitos analistas possam concordar com a alternativa de Ferro a consagrar a teoria psicanalítica, é claro que existem muitas alternativas entre isso e "torná-la um objeto de investimento acrítico" (Ferro & Nicoli, 2017, p. 2). Por exemplo, podemos estudá-la, aprender com ela e aplicar o que ainda é útil, e explorar os muitos aspectos da teoria psicanalítica que ainda são desconhecidos. Ver Busch e Schmidt-Hellerau (2004) para outro ponto de vista a respeito da teoria.

Francesco

Nem sempre é fácil ter uma visão plena do trabalho de Ferro, pois ele publica principalmente vinhetas curtas demonstrando diversas transformações que podem ocorrer com seu método de trabalho. No entanto, ele apresenta um exemplo (Ferro & Basile, 2008) em que compartilha uma *rêverie* que tem no início de uma sessão e podemos acompanhar como a sessão prossegue. Isso levanta uma questão interessante sobre como o analista determina se a imagem que lhe vem à mente é ou não uma *rêverie*.

> *Abro a porta para Francesco, um sujeito de boa aparência de cerca de 30 anos, e fico por um momento desorientado ao ver diante de mim uma jovem alta, de cabelos encaracolados e aparência angelical. Concentro-me na imagem e, após um instante, reencontro meu familiar Francesco. Surpreso e, na verdade, totalmente atônito com minha percepção sensorial equivocada,* convenço-me de que deve ser uma espécie de *rêverie, mas nada consigo encontrar com a qual conectá-la.*
>
> *Na sessão do dia anterior, eu fizera interpretações vigorosas de aspectos da vida sexual, ou melhor, de fantasias ligadas à sexualidade de Francesco: o paciente tinha tido um sonho em que pilotava um F14 e outro em que era o magnata da Fórmula 1 Flavio Briatore nos controles de uma embarcação de corrida* offshore. *Essas imagens, embora tendentes à mania, indicavam novas descobertas para Francesco, que sempre se considerara um jovem respeitoso e às vezes deferente. De fato, ele é um jovem muito bom, mas, como com todo mundo, essa não é a história toda.*

> *A sessão continua com Francesco relatando um sonho com de um videogame; depois vem ao meu consultório, que é uma sala 360. Digo-lhe que parece vivenciar a análise como um jogo, sem ângulos proibidos ou inexploráveis – em outras palavras, um jogo de 360 graus.*
>
> *Com uma risada surpresa, ele diz que está percebendo muitas coisas que estavam dentro dele e que ele não sabia que estavam lá. Conta-me então outro sonho: um enfermeiro com más intenções aproxima-se de uma menina sensível e delicada, querendo talvez atacá-la. Só então lembro-me da minha* rêverie *inicial, da bela moça de cabelos encaracolados, e consigo dizer-lhe que, talvez, o que eu dissera ontem sobre fantasias sexuais, embora em certo nível dera abertura a ângulos até então inacessíveis, por outro o escandalizara. Ele concorda plenamente, dizendo que não é fácil descobrir-se mais como um Gérard Depardieu do que como um dos sete anões, como sempre pensara. Respondo que não é impossível para um dos sete anões ter fantasias sexuais com a Branca de Neve. Ele explode em altas e libertadoras gargalhadas. (p. 9)*

Mais uma vez, gostaria de enfocar aqui de que maneira se determina o significado de uma imagem que vem à mente do analista. Assim, nesse exemplo, Ferro admite que sua imagem inicial de Francesco como uma "garota alta, de cabelos encaracolados e aparência angelical" é uma *rêverie*. Como se supõe que as *rêveries* façam parte de um processo de transformação de elementos beta em alfa, o que está sendo transformado com essa imagem? Não recebemos nenhuma indicação de Ferro. No meu entendimento, depois de uma sessão em que Ferro "fez interpretações vigorosas de aspectos da vida sexual", e da sua potência fálica, a "*rêverie*" de Ferro transforma-o em uma garota angelical. É possível que Francesco tenha antecipado a resposta de Ferro aos seus esforços fálicos com o sonho em que o enfermeiro tem más intenções em relação a essa menina sensível e delicada? Enquanto Francesco se vê surgindo como Gérard Depardieu e não mais como um dos sete anões, Ferro o faz voltar a ser anão, mas com sentimentos sexuais (ou seja, não é impossível que um dos sete anões tenha sentimentos sexuais...).

A partir desse exemplo, seria possível dizer que é sensato considerar uma imagem que vem à mente do analista como uma *potencial rêverie*, mas não é inerentemente evidente que toda imagem deva ser considerada *rêverie*. Tenho a impressão de que é necessário um considerável trabalho de autoanálise para determinar se uma imagem é uma *rêverie* no sentido bioniano, algo que será investigado em profundidade mais adiante.

Lisa

Ferro (2005) descreve um tratamento heroico com Lisa, em que ela passou de um transtorno grave, com limites frágeis, que às vezes necessitava de internação, medicamentos e ampliação do enquadre, para a situação em que conseguiu terminar os estudos, casar-se, ter um emprego e dois filhos até o décimo ano de análise. A apresentação admiravelmente franca e detalhada de Ferro sobre o que ele fez e com o que teve dificuldades em quatro sessões amplamente espaçadas suscita muitas questões interessantes sobre técnica psicanalítica, mas me concentrarei na sessão em que ele teve uma imagem e como trabalhou com ela.

Na sessão anterior à relatada, Lisa falou da sua vergonha de que as pessoas descobrissem que ela faz psicanálise. As tentativas de Ferro de compreender isso melhor levam Lisa a fazer associações com uma professora do Ensino Fundamental que a obrigava a ler coisas que ela não sabia como ler. Ferro, que sente que já estava familiarizado com os *crescendos* "persecutórios" de Lisa, deixa de lado a investigação mais aprofundada desse tópico. Para mim, foi interessante que algo que aparentava ser uma provável referência à maneira de Lisa vivenciar as interpretações de Ferro foi ignorado, mas quando Lisa descreveu seu medo de vizinhos verem a bagunça da casa dela, isso foi "interpretado na transferência" (p. 1253).[18] Ela então falou do marido, que, ao vê-la despida, comentou: "Que pernas grandes e horríveis você tem" (p. 1253). *Ferro relata então que a imagem de "um enorme gorila surgiu para mim como* rêverie" (p. 1253). O curto resumo da sessão anterior termina aí.

A complexa questão do que é uma *rêverie* pode ser observada no fato de Ferro rotular como *rêverie* sua imagem de um "enorme gorila", o que, por definição, deveria ser o início de um processo de transformação. Em linguagem não bioniana, isso provavelmente seria chamado de associação, ajudando possivelmente o analista a entender como a paciente vivenciou a observação do marido. Birksted-Breen (2016) distinguiu a *rêverie* de outras formas de pensamento da seguinte maneira:

> *A* rêverie *também não se equipara a uma imagem que possa vir à mente para representar, como uma metáfora, o que está acontecendo. A imagem única a que me refiro está mais próxima de imagens oníricas do que de "pensamentos", e pode parecer bastante desconectada de qualquer coisa consciente que ocorra no material . . . (p. 30)*

Dentro dessa definição, a proximidade da imagem de Ferro com a observação do marido de Lisa levaria a questionar se isso seria uma *rêverie*.

18 Essa interpretação não é relatada.

No relato de Ferro, a sessão seguinte ocorre em uma segunda-feira após Ferro ter cancelado a sessão anterior. A paciente chega dizendo que estava "mal", relatando ataques de pânico, querendo fugir, mas sem conseguir se mover. Mediante incentivo, a paciente menciona que *isso não era devido à análise*, mas ao seu marido, e que estava feliz porque ele estava longe e com medo por ele não estar ali. Ferro espelha a ambivalência da paciente, afastando-se momentaneamente de uma interpretação transferencial. Lisa então falou de dois filmes que vira na noite anterior, *King Kong* e *Krakatoa, o Inferno de Java*,[19] dizendo que um deles era em preto e branco.

> *Ferro: É como se em certas situações um vulcão, ou um gorila, começasse a se mover, e você fugisse ou ficasse paralisada, em ambos os casos aterrorizada. Tenho a impressão de que o vulcão e o gorila correspondem a emoções que você não conseguiu "compreender momento a momento" e que, ao chegarem juntas, aterrorizaram-na. Pensei que esse era o significado de suas palavras na última sessão sobre a professora primária que a obrigava a ler coisas que você não sabia como ler, como eu fiz ao insistir em tentar fazer você dizer por que seria horrível alguém saber que você está em análise. (Ferro, 2005)*

Conjecturo acerca da ideia de Ferro de que nas transformações de beta para alfa "o que importa é até que ponto a mente do analista recebe e transforma as ansiedades do paciente no presente" (Ferro, 2002c, p. 9) – ou seja, *um processo silencioso na mente do analista*. Além disso, vale a pena notar que, após Ferro ter a imagem do gorila, a paciente teve um fim de semana preenchido por pânico e sensação de paralisia. Elementos beta não metabolizados parecem permanecer

19 Filme-catástrofe do final dos anos 1960 sobre um vulcão em erupção.

proeminentes. Ao cancelar a sessão anterior, Ferro provavelmente complicou a reação de Lisa. No entanto, pode-se pensar também que *a imagem do gorila de Ferro permitiu a Lisa procurar os dois filmes que expressaram seu terror*. Contudo, essa é apenas a minha impressão, pois Ferro não explica de que maneira a imagem do gorila foi transformadora.[20] Para mim, o mais impressionante foi a maneira como a resposta de Ferro aos filmes consistiu principalmente na tentativa de colocar em palavras os medos incorporados nos filmes. *Em essência, fornecer símbolos quando não havia nenhum*. A sessão então continua:

> P: *Agora tenho a impressão de que você não falava assim comigo há muito tempo; acho que me entendeu . . . que está perto de mim.*
>
> P: *Também tive três sonhos: no primeiro eu estava na rodovia, vindo de um lugar, e tendo que chegar em outro, mas havia viadutos, cruzamentos, entroncamentos; eu não conseguia entender mais nada – estava em pânico; no segundo sonho, estava a Ângela, minha empregada, que havia levado lençóis cobertos de merda para a lavanderia; fiquei muito envergonhada; não era possível; e então a lavanderia não os limpou; mandaram de volta sujos; no terceiro sonho, era um campo e estavam derrubando uma árvore; era a árvore da vida; não era possível, era terrivelmente doloroso e, no entanto, eles estavam fazendo isso, eu estava desesperada. (pp. 1253-1254)*

Ferro então pergunta a Lisa no que esses sonhos fazem-na pensar, e ela responde: "Nada. Depois que aprendi a interpretar meus

---

20 Nesse artigo, Ferro relata apenas dados clínicos.

sonhos, muitas ideias me vieram, agora não mais; não sei o que dizer . . . é como se eu tivesse me perdido em Ruanda;[21] não sei para onde ir" (p. 1254).

A seguir, Ferro, usando os sonhos como metáforas, tenta sonhar o sonho de Lisa para ela, com sucesso variável. Parece que Ferro sentiu, naquele momento, que ela precisava principalmente de um "professor" (ou seja, a função alfa do analista). No entanto, como observado anteriormente, a "professora" nas associações de Lisa era uma figura que lhe causava vergonha.

Será possível ver nesse exemplo como foi transformadora a imagem do gorila de Ferro? De modo impressionista, haveria a possibilidade de considerar que a imagem do gorila poderia ter levado Lisa a assistir aos filmes a que assistiu, usando-os para expressar seus medos. Também pode ter permitido que ela sonhasse e se lembrasse do sonho. Enquanto os elementos beta infundiram a vivência da interrupção e do sonho, talvez possa ter sido suficiente para essa mulher muito perturbada vir a ser capaz de sonhar. No entanto, em última análise, penso que a conexão entre a imagem do gorila de Ferro e a sessão subsequente é vaga e difícil especificar. A meu ver, Ferro ter usado uma imagem, junto com *sua capacidade de colocar em palavras os medos de Lisa*, foi o que a levou a se sentir mais próxima dele, levando-a a relatar um sonho em que pôde mostrar a ele o que ela mais teme (ou seja, a bagunça que ela pode fazer). Assim, surgem dúvidas sobre o exemplo de Ferro quanto à importância de uma imagem como *rêverie*. Sua imagem do gorila era uma *rêverie*? O que ela significa?[22] Uma *rêverie* na mente do

---

21 Ferro explica: "Lisa denomina 'Europa' seu antigo modo de funcionar, e 'Ruanda' o novo jeito sem drogas que a expõe a novos estados emocionais violentos que não mais faziam parte dela" (p. 1253).

22 Por exemplo, Schmidt-Hellerau (2005) destaca "como King Kong, esse enorme gorila, segura essa mulher pequena cuidadosamente com sua pata grande; ele não a machuca, mas todos pensam que ele vai machucá-la e ficam com medo

analista é suficiente para que ocorra uma transformação? Será que Ferro tenta transformar o que está pouco metabolizado em palavras mais do que ele reconhece? Lendo os muitos exemplos que Ferro oferece, tenho a impressão de que as transformações em palavras são um elemento muito mais importante em seu trabalho analítico do que ele reconhece.

Filippo

Esse artigo muito citado, "O paciente como melhor colega do analista" (Ferro, 2008), enfoca de que modo os sonhos (*rêveries*) e os derivados narrativos do paciente (Filippo) ajudam o analista a entender as reações do paciente às suas interpretações. Como Ferro afirma:

> *Aplicarei aqui esse princípio bioniano (o paciente como melhor colega) a um sonho que apresentarei como evidência de que a função alfa está constantemente em ação. Uma espécie de sistema de navegação por satélite sonha em tempo real o que acontece no consultório do analista após uma Interpretação. Esse sonho, a meu ver, não precisa necessariamente ser interpretado, mas pode ser usado para facilitar o desenvolvimento do campo. (p. 199)*

Ferro também quer destacar o conceito de *transformação em sonho*, que explica da seguinte maneira: "Transformação em sonho é uma atividade realizada constantemente pela mente do analista, que despoja a comunicação do paciente do seu *status* de realidade e

---

dele. Assim, enquanto conscientemente ela se sente nas garras de uma ameaça monstruosa, no pré-consciente ela parece saber e comunicar que nada de ruim vai acontecer com ela" (p. 1263).

considera a sua narração como um sonho que se junta, se transforma e se constrói em tempo real no encontro entre as duas mentes em ação" (p. 199). Como observado anteriormente, há momentos em que Ferro (por exemplo, 2002c) fala em *sonhar* (dia ou noite, palavras ou imagens) *como substituto para a* rêverie, *enquanto define a* rêverie *especificamente como um pictograma*. Aqui o vemos descrever o sonhar da maneira exata como descreveu a *rêverie*: "a expansão do sonhar no estado de vigília (a função alfa) é continuamente chamada a metabolizar detritos sensoriais e perceptivos (elementos beta); o sucesso ou fracasso dessa operação é sempre comunicado diretamente pelo paciente, se o analista souber escutar" (Ferro, 2002c, p. 480).

Em sua apresentação desse material clínico (Ferro, 2008, pp. 199-204), fiquei surpreso com o fato de que o método de trabalho de Ferro *às vezes* parecia familiar. Ele pega as associações de Filippo e as usa para uma interpretação transferencial como muitos analistas. Quando Filippo parece não perceber os sentimentos transferenciais, Ferro recorre a um estilo de maior espelhamento, semelhante a como um psicólogo do *self* faria para aperfeiçoar uma defesa.

Há outras características da forma de trabalho de Ferro com Filippo. Na maioria das vezes, ele toma o *pensar pré-consciente* do paciente e o transforma em uma formulação semelhante a um sonho. Os símbolos oníricos do paciente parecem de pouco interesse para Ferro, afora quando ele (Ferro) os sonha. Isso é condizente com sua visão bioniana (Ferro, 2002b) de que os sonhos funcionam como o ego de Freud, no sentido de que o material consciente precisa ser sonhado para ser psiquicamente utilizável (para pensar, armazenar etc.). Como Ferro acredita ter feito uma interpretação dura na sessão anterior com Filippo, ele parece estar constantemente procurando a *transferência na sala*, mesmo quando isso o leva a fazer outras interpretações que lhe parecem *estereotipadas e incorretas*. Seu ponto de vista sobre a importância do campo parece ser o que o o impede de refletir sobre suas reações contratransferenciais. Ao contrário do ponto de vista de Bion de que o *analista deve trabalhar sem memória nem desejo, nesse caso Ferro trabalha com ambos*. Isto é, ele acreditava que algo esteve errado em sua maneira de trabalhar na sessão anterior e estava preparado para ver a sessão atual como a resposta do paciente a isso.

Ferro (2008) apresenta o trabalho com Filippo da seguinte maneira:

> *Com um paciente com traumatismo grave, a princípio não estou muito interessado no que aconteceu com ele e onde e por quê; em vez disso, estou preocupado em recompô-lo novamente, suturá-lo, em manter suas funções vitais, oxigená-lo e fornecer-lhe o volume necessário de fluidos. Minha abordagem consiste em olhar para a frente e não para trás . . . (p. 200)*

Ele então nos conta que não ficou satisfeito com sua maneira de trabalhar na sessão anterior, sentindo que seus comentários poderiam ter sido tomados como críticas, e fora de sintonia. [*Como no caso anterior, Ferro não pensa que o sonho do paciente tem símbolos com significado individual passível de ser entendido principalmente por meio das associações do paciente. Ao contrário, toma o conteúdo manifesto como parte do campo psíquico do paciente e o trata como declaração direta sobre a transferência.*]

> **Filippo**: *Tive um sonho; ou melhor, tive o mesmo sonho duas vezes. Havia aviões, explosões e uma espécie de bombardeio; e então uns dentes muito longos apareceram. Eles perfuraram as pessoas, mas não as mataram. Consegui salvar minha pele me escondendo atrás de uma parede sólida.*

> **Ferro**: (penso que essa é uma descrição precisa da visão dele da sessão de ontem e de eu ter interpretado com os dentes, mas prefiro evitar a saturação imediata nesse sentido): *O que o sonho sugere para você? (p. 199)*

O paciente dá uma resposta vaga sobre emoções e repete como conseguiu salvar sua pele no sonho, enquanto outras pessoas foram feridas, perfuradas por projéteis.

[*A intervenção insaturada de Ferro é uma de suas contribuições mais importantes, pois convida o paciente a seguir seus próprios pensamentos para onde quer que possam ir. Desse modo, acompanhamos sobre que parte de uma intervenção, se houver, um paciente consegue refletir. Não faz sentido o analista direcionar o paciente para uma área de sua dinâmica se não soubermos o que é tolerável. Claro, há momentos em que uma intervenção saturada é necessária e importante. O interessante aqui é que a intervenção de Ferro tem uma qualidade insaturada e saturada. Quando ele pergunta: "O que o sonho lhe sugere?", está fazendo uma pergunta aberta (insaturada) com a palavra "sugere", mas, dadas as suas ideias sobre o que o sonho significa, ele parece procurar a reação do paciente à sessão anterior (saturada). Caso contrário, ele poderia esperar para ver aonde iriam os pensamentos do paciente depois de contar o sonho.*]

Ferro (2008) relata então que não consegue desistir[23] de fazer o que chama de "interpretação rígida": "Será que fui um pouco como um homem-bomba que tinha você na mira?" (p. 201). O paciente nega, citando o que sentiu como "clima bom" na sessão anterior. Ele então faz associações com duas refeições indigestas que comeu, uma feita por sua mãe após a sessão e outra no final do dia em um restaurante étnico. A resposta de Ferro é a seguinte: "(*Sinto*

23 Mencionei anteriormente (Busch, 2014) que quando o analista se sente compelido a dizer algo, isso significa que ele já está em meio a uma contratransferência.

necessidade de oferecer uma interpretação insaturada para atenuar a perseguição; para mim, é uma interpretação transferencial porque sonho os personagens invocados lá, no campo): Então, em cima da comida indigesta da sua mãe houve a do cozinheiro africano? Você comeu uma porção dupla de comida indigesta" (p. 201).

[Pode-se também ver isso, em parte, como um espelhamento insaturado do que o paciente acabou de dizer, mas o paciente mencionou ter ido a um restaurante étnico, e *aparentemente o cozinheiro africano foi o sonho de Ferro. Não fica claro por que foi sonhado um cozinheiro africano e de que maneira isso contribuiu para um processo transformador.*]

O paciente continuou falando sobre a comida horrível da sua mãe, e a do cozinheiro também, com todo tipo de "porcaria" nela. Se seguirmos o ponto de vista de Ferro de que os derivados narrativos ajudam o analista a entender as reações do paciente às interpretações do analista, é possível pensar que essa seja a reação de Filippo à interpretação de Ferro, mas Ferro nada comenta a esse respeito.

O paciente então faz uma série de associações. A primeira é que sua mãe o faz lembrar de uma bruxa da TV que corta fora as rosas e coloca as hastes espinhosas no vaso. Aí lembra-se de um programa de TV a que assistiu ontem em que um menino é levado de barco por sua mãe, e então é abandonado, mas ele encontra trabalho como limpador de chaminés. Depois, seus pensamentos vão para um filme visto por ele em que um pai e um filho viviam como vagabundos, mas conseguiam sobreviver.

> **Ferro**: *Tudo muito perturbador, mas afinal a esperança venceu.* (Mas não resisto a acrescentar outro comentário supérfluo.) *Também estava pensando que ontem talvez minha tendência fosse morder. O que eu disse foi como cravar meus dentes em você. Peguei os espinhos no que*

> *você disse e destaquei somente eles, mas joguei fora a flor, que era o que eu deveria ter valorizado.* (p. 202)

[Aqui, vemos Ferro reconhecendo que na contratransferência foi impulsionado para interpretações transferenciais, e de qualquer modo persistiu nisso, mesmo após o paciente ter ficado intrigado sobre o motivo de Ferro continuar interpretando que o atacou de maneira agressiva. Embora haja muitas evidências de transferência naquele momento (isto é, o paciente vivenciar as interpretações de Ferro como "porcaria"), Ferro continuou focado no que acreditou que a transferência *deveria ser*.]

> **Filippo**: *Por que você diz isso?*
>
> **Ferro**: *Bem, eu critiquei sua maneira de adequar-se aos desejos do professor de direito* (que eu tinha considerado como um traço paranoide no paciente e criticado antes de me apropriar e entender a origem da perseguição*), e principalmente quando você mencionou os tapetes e enfatizei que você não deve se deixar pisar* (eu queria interpretar sua maneira de se curvar aos desejos de outras pessoas, mas, desajeitado, falei no momento errado*), em vez de abordar o fato de que você também queria alguém para ensiná-lo a fazer um tapete – tecer o fio em um tecido e organizar os fios de pensamento.*
>
> **Filippo**: *Sim, o que você disse realmente me surpreendeu.*
>
> **Ferro**: *Talvez eu ter mordido e depois não ter dito nada tenha despertado em você todo tipo de sentimentos, da perseguição ao abandono – ficar sem mãe. Você precisou varrer sozinho toda a fuligem da chaminé. Mas o principal é que você sobreviveu mesmo sendo*

> *bombardeado e abandonado: você conseguiu apesar de todas as dificuldades.*

[*Esse é um bom exemplo de como Ferro tece elementos oníricos e associações pré-conscientes em interpretações oníricas e conduz às associações criativas do paciente.*]

> **Filippo**: *E com a ajuda do pai, o menino do filme realizou todos os seus planos e aprendeu a sonhar por si.*
>
> **Ferro**: *Vamos torcer para que o cozinheiro eritreio ou siciliano (*o paciente sabe de onde venho*) não faça mais comida indigesta como aquela. (p. 202)*

Enquanto ambos riem nesse momento, Ferro em metáfora retorna às suas interpretações indigestas. As associações do paciente vão para a necessidade de manter duas visões separadas. Aqui, acho que ele está tentando ajudar o analista a ver que há um debate acontecendo entre eles que apenas o paciente reconhece de modo pré-consciente.

> **Filippo**: *(*continua após curto silêncio*): Ontem meu pai e o pai da minha namorada discutiram acerca de como cuidar de uma horta. O pai de Martina usa um arado mecânico, que é muito rápido. Meu pai acha melhor usar enxada e fazê-lo à mão, em parte porque vai mais fundo, mas principalmente porque, embora o arado mecânico rompa melhor a superfície, seu golpe acaba impermeabilizando o solo e impedindo a osmose com as camadas mais profundas. Eles decidiram que cada um pegaria um pedaço da horta, como a divisão em departamentos na universidade: direito de um lado e economia do outro – mantendo-se bem separados.*

> **Ferro**: *Parece que eles quase precisam de uma barreira para manter as duas áreas separadas. (p. 203)*

[Aqui Ferro parece narrar a narrativa do paciente de forma não saturada, destacando a barreira em lugar de realçar que duas ideias separadas podem existir lado a lado e, às vezes, é necessária uma barreira. Acho que ele diz ao analista o porquê na associação seguinte.]

> **Filippo**: *Bem, senão acabam como dois galos se bicando. Assisti brigas de galo no Extremo Oriente. São excitantes, mas há derramamento de sangue e, mesmo feridos, eles continuam bicando. Prefiro jogar no computador. Na verdade, existe um jogo de briga de galos, mas ao menos o sangue não é real.*
>
> **Ferro**: *(acho que ele chama minha atenção para um risco: quando interpreto demais e de modo excessivamente automático, na superfície, isso pode transmitir a sensação de campo bem lavrado, mas, na verdade, pode impermeabilizar uma camada mais profunda do campo, impedindo assim o surgimento de níveis ainda mais profundos. Então, abstenho-me de fazer essa interpretação, que sinto que seria mais decodificação do que fruto de* rêverie*). Mas talvez o direito e a economia possam chegar a um acordo, como o do seu pai com o da Martina. (p. 203)*

[Do meu ponto de vista, é aqui que a ênfase de Ferro no campo, e não nos significados simbólicos inconscientes, assume a liderança e, acredito, leva-o ao erro. Há necessidade de uma barreira entre os dois homens porque, se não houver, pode ocorrer uma briga de galos, com seu possível narcisismo fálico homoerótico e medo de castração como

consequência. Por isso é necessária uma barreira. Ao levantar a ideia de que a barreira pode não ser necessária (ou seja, que direito e economia talvez pudessem chegar a um acordo), Ferro está sugerindo que esses medos poderosos que o paciente tem a respeito de ter um ponto de vista diferente do de Ferro não são tão amedrontadores (sem necessidade de barreira), quando na mente do paciente eles são muito perigosos.]

> **Filippo**: *Bem, percebo que estou falando também de duas atitudes conflitantes dentro de mim: por um lado, experimentando emoções mesmo que isso me faça sangrar porque são explosivas, e, por outro, me escondendo atrás de uma parede, como no início do sonho, ou em um videogame. (p. 203)*

[Aqui o paciente fala como um bom paciente bioniano, cedendo em lugar de dar continuidade à diferença.]

> **Ferro**: *Mas por que você pensa nas duas atitudes em termos de uma ou de outra? Existem alguns pratos, como a caponata siciliana, em que podem coexistir sabores salgados e doces, como a natureza impetuosa da sua mãe e a reserva excessiva do seu pai no seu caso. (p. 203)*

[Uma vez mais, Ferro não permite a entrada dos perigos que o paciente sente que está enfrentando e reconhece de modo pré-consciente.]

Ao pensar no trabalho de Ferro com Filippo, destacam-se algumas questões. Ferro sente que foi muito agressivo na sessão anterior, e em vez de tratar isso como uma ideia que teve e esperar o que acontece na sessão seguinte que possa confirmar ou desmentir essa ideia, ou analisar por que pensou isso, Ferro trata seu sentimento como *real*.

Isso o leva a sentir que *não pode desistir* de fazer interpretações transferenciais, mesmo percebendo que isso é desaconselhável. Acho que esse é um problema central quando o analista acredita que o que quer que aconteça faz parte do *campo*, como Ferro. Ao negar os efeitos da psique do analista, contorna-se a necessidade de refletir sobre ou de testar nossas reações. Finalmente, ao trocar símbolos por metáforas, o trabalho analítico perde uma certa riqueza sobre a qual foi fundado.

Finalizando este capítulo, encerro com uma citação de Cassorla (2013), pois acho que ele capta algo que às vezes falta no trabalho de alguns pós-bionianos seguidores dos pontos de vista de Ogden e de Ferro. Cassorla acredita na subjetividade de cada analista, "que deve usar sua capacidade singular de criar imagens a partir de sua experiência *pessoal*" (p. 206, grifo nosso). Ele prossegue dizendo:

> *Analistas devem confiar em sua intuição e desenvolver sua imaginação, mas as imagens que envolvem a capacidade de* rêverie *do analista devem emergir espontaneamente. Para isso, o analista deve suportar o caos e a frustração de não saber até algo naturalmente tomar forma. Temos consciência de que, diante do não saber, procuramos preencher o que falta incluindo o que já sabemos... O analista precisa fazer um esforço ativo para opor-se a essas tendências. Com a prática, esse esforço ativo torna-se automático e conecta a regra fundamental da atenção livre flutuante de Freud à recomendação de Bion (1970) de que o analista precisa trabalhar "sem memória, sem desejo, sem tentar compreender". (p. 206)*

6. Outros problemas conceituais no uso da *rêverie*

Parece que o destino de ideias novas a respeito do método psicanalítico consiste não em serem consideradas um *acréscimo* valioso à técnica psicanalítica, mas logo serem consideradas *substitutas* de tudo o que veio antes delas. O caso em favor de tratamentos baseados em *rêveries* apoiando-se primariamente nas *rêveries* do analista aparentemente está muito distante da comprovação, e se opõe ao modo como a maioria das teorias analíticas considera o processo de mudança em psicanálise. Apesar de obviamente existirem boas razões para considerar que as *rêveries* do analista são um *acréscimo* importante ao método de compreensão do psicanalista, existem vários problemas conceituais com implicações clínicas importantes que precisam ser resolvidos.

Cinquenta anos após Bion ter apresentado seus pontos de vista sobre as *rêveries* do analista, tentando apreender algo que mais se assemelhava a uma pintura impressionista do que a uma fotografia, as tentativas de desenvolver sua utilidade clínica nos anos pós-bionianos levaram a múltiplas perspectivas, às vezes contraditórias, enquanto seu uso por psicanalistas na clínica cresceu rapidamente. Bion captou algo importante na reintrodução desse conceito, enfocando a mente do analista (em contraste com Breuer e Freud, que enfocaram a mente do histérico), e foi sábio ao descrevê-lo como algo difícil de definir. Às vezes, definir a *rêverie* se parece com a tentativa de capturar as minúsculas partículas de poeira em um raio de sol através de uma janela empoeirada. Acho que seu grande apelo reside na possibilidade que proporciona de compreender a mente do outro com um novo método. No entanto, *considero preocupante quando há o uso indiscriminado de um termo enquanto sua definição permanece diferente entre seus principais proponentes. Além disso, não acredito que seu uso na situação clínica por alguns pós-bionianos tenha sido cuidadosamente considerado. Ainda, não parece ter havido qualquer reconhecimento dessas diferenças até este momento.*

Neste capítulo, resumirei alguns problemas conceituais nos pontos de vista sobre *rêverie* de alguns pós-bionianos e suas consequências. Meu foco será a tendência entre os psicanalistas em geral, e os pós-bionianos em particular, de usar uma classificação vaga quando é necessário maior especificidade. Também sugerirei que diversas maneiras de pensar sobre a *rêverie* simplificam um fenômeno complexo.

O problema do "un"[1]

Imagine-se tentando encontrar uma rua específica em Nova York, mas podendo examinar apenas um mapa dos Estados Unidos. O mapa não fornece informações suficientes para ajudá-lo a encontrar o que procura. É possível ver que Nova York fica na costa leste dos

1 O prefixo *un-* acrescentado a adjetivos, particípios e seus derivativos denota a ausência de uma qualidade ou estado, ou seja, o negativo. Optei por deixar como no original, uma vez que em português essa negação é feita de algumas formas diferentes: prefixos *i-* e *in-*, a palavra *não* precedendo o termo etc. [N.T.].

Estados Unidos, mas isso não o ajudará a encontrar o número 1053 da Quinta Avenida em Manhattan. Esse é um modo de pensar o problema do "*un*" na teoria e na técnica psicanalíticas. Ou seja, ao usarmos termos globais como inconsciente (***un**counscious*), estamos nos referindo a uma área da mente que possui qualidades diferentes. No artigo "O inconsciente", Freud (1915) concebe de maneira sucinta *o pensar pré-consciente complexo com infusões de elementos inconscientes.* Em poucas frases Freud, trabalhando no modelo topográfico, apresenta uma visão do pensamento pré-consciente que vai da fronteira permeável do sistema Ics (Inconsciente) à fronteira permeável do sistema Pcs (Pré-consciente). As regiões mais profundas do inconsciente funcionam de maneira diferente e a característica de seu conteúdo é diferente do que está mais próximo do pré-consciente. Assim, quando falamos de uma fantasia inconsciente, isso não quer dizer muita coisa se não detalharmos melhor em que lugar do inconsciente essa fantasia reside. Assim como Freud descreveu, "acho que muitos exemplos de fantasias inconscientes citados na literatura são mais precisamente descritos como pensamentos pré-conscientes infundidos de elementos inconscientes" (Busch, 2006a, p. 1475).

Enquanto a psicanálise, em geral, tem um problema do "*un*", os pós-bionianos têm vários problemas do "*un*". Como observou-se anteriormente, quando os bionianos descrevem comunicações inconscientes do paciente para o analista, ou uma ideia construída a dois de modo inconsciente, pouco se tenta definir de onde vem a comunicação inconsciente e onde é recebida no inconsciente. Uma declaração típica é a de Brown (2010) ao descrever uma vinheta em que há "um precipitado intersubjetivo de múltiplas camadas da interação entre a comunicação inconsciente de Billy e a minha" (p. 83). Os pós-bionianos têm ainda o problema de um significado global associado aos termos não representado (***un**represented*) e não mentalizado (***un**mentalized*). É difícil também imaginar na mente algo que seja *inteiramente não representado*. No mínimo seria necessário haver algum estado representado de maneira fraca para poder ser *retomado pela psicanálise*. Assim, provavelmente deve haver uma gama de estados representados de fracos a fortes. Além disso, como já mencionei anteriormente (Busch, 1995, 2009, 2014), memórias e fantasias podem ser codificadas em uma forma anterior de pensamento – ou seja, pensamentos e linguagem de ação. Isso faz sentido na medida em que as crianças têm muitas experiências codificadas de formas não verbais, de modo que são representadas, ainda que não em palavras. Piaget (Piaget & Inhelder, 1959) nos diz que até os 5 a 7 anos de idade todo pensamento é uma questão de ação em graus variados, com o componente da ação diminuindo à medida que a criança cresce. *Dessa maneira, o pensamento está sob o domínio da ação por um período muito mais longo do que geralmente tem sido reconhecido pela psicanálise* (Busch, 2009, 2014). A razão para esse tipo de pensamento de "ação" tem a ver, em parte, com a maneira como os processos de pensamento se desenvolvem. Como Piaget mostrou, palavras e imagens não são a base para os pensamentos. A ação, codificada no esquema sensório-motor, é a base sobre a qual os pensamentos representacionais se desenvolvem. É um modo primário de pensar durante a fase edipiana. Em áreas de conflito quando ocorre regressão, ou nos traumas precoces, o psicanalista clínico provavelmente encontrará a linguagem de ação como forma primária de representação. Loewald (1971, 1975) foi um dos primeiros psicanalistas a observar que as palavras têm um poder especial devido a suas raízes nos *elementos sensório-motores* do desenvolvimento da fala.

A linguagem de ação pode ter sobre o analista o mesmo efeito do que tem sido rotulado pensamentos não representados, e aprendemos isso principalmente por meio de nossa contratransferência. *No entanto, nossa maneira de trabalhar na clínica será diferente dependendo de como entendemos as comunicações de um paciente: como linguagem de ação ou exemplo de pensamentos fracos. Como a linguagem de ação já é uma forma de representação, é mais fácil interpretar usando o pensamento representacional para construir representações de nível superior. Mas com a experiência representada de maneira fraca, será preciso construir alguma forma de representação.*

Dado tudo o que foi dito, parece-me que há uma ampla gama de níveis de pensamento rotulados como não mentalizados e não representados, e não como registrados de forma diferente que não em palavras ou imagens. Por exemplo, Ogden (2003) exemplifica um tipo de conversa de uma paciente sobre fatos concretos que o leva a vivenciar uma "privação de *rêverie*" (p. 28), que, segundo ele sugere, pode levar à psicose.

> *A paciente concordou com o que eu disse e sem pausa continuou, de um modo familiar para nós dois, contando-me a miríade de eventos de seu dia. A sra. C falava rapidamente, pulando de um tópico a outro, com cada um se relacionando a um aspecto específico da "organização da sua vida" (um termo que ela e eu usamos para nos referir a seu pensamento e comportamento operacional). Ela me contou quanto tempo havia corrido naquela manhã, quem encontrara no elevador de seu prédio na ida e na volta da corrida, e assim por diante. No início, interpretei tanto o conteúdo quanto o processo – na medida em que pensava entendê-los – desses relatos das aparentemente inesgotáveis minúcias de sua vida. (p. 24)*

Penso que é preciso ter cuidado ao rotular essa recitação de eventos concretos como resultado da falha de representação, e não, por exemplo, uma tentativa da paciente de *fazer* algo ao analista (por exemplo, irritá-lo, entediá-lo) como uma defesa (por exemplo) contra o desejo inconsciente de que o analista a admire em roupas de corrida (ou seja, uma formação de compromisso).

Representações em outras formas

Existem formas de pensar em outros modos de representação que podem ter sobre o analista o mesmo efeito relatado por Ogden, mas são provenientes de outra fonte que não a incapacidade de representar. Oliner (2013) cita como exemplo a suposta falta de representação no trauma e o que ela descreve como a "incrível precisão de encenações [*enactments*] e atualizações de eventos calamitosos que, de outra forma, não estão disponíveis para a consciência" (pp. 152-153). Oliner acredita que "é impossível pensar que não existe ligação entre o evento posterior que dá origem à repetição e os traços de memória da experiência original" (p. 153). Ela leva em consideração a ideia de que existem *modos de representação* baseados em níveis de desenvolvimento, em vez da *questão da representação ou de seu fracasso*. Isso nos permite pensar na continuidade entre *modos de representação* mais primitivos e mais evoluídos. Se pensarmos que o objetivo da psicanálise é a construção de estruturas mais complexas a partir de estruturas mais primitivas,[2] é útil conceituar diferentes níveis de representação semelhantes à construção de uma casa. Na minha compreensão, o ponto de vista pós-bioniano é que não existe nada no local onde deverá construir-se uma casa, ou, no outro extremo, existe uma casa. No entanto, é mais proveitoso, creio eu, pensar em diferentes níveis e tipos de representações. Assim, algumas formas de pensamento podem ser semelhantes ao alicerce da casa, outras podem ser mais semelhantes ao alicerce e à estrutura da casa etc.

---

2 As memórias transitam ao longo de vias neuronais específicas. Quanto mais complexas essas vias neuronais se tornam, mais tempo o indivíduo tem para refletir antes de agir.

Falsos positivos

Se um analista considera que um sinal ou sentimento contratransferencial significa apenas X, isso pode levar a múltiplos *falsos positivos* – ou seja, a considerar que existe uma condição quando é outra coisa. Tenho a impressão de que essa é uma conclusão consistente entre os pós-bionianos quando o analista sente uma distância do paciente, ou um sentimento mortífero na mente dele, ou privação de *rêveries* e estados semelhantes. Disso pode resultar que outros significados possíveis sejam excluídos.

Silva (2017) relata as sessões de uma semana em que algumas peças de um quebra-cabeça que ela e o paciente (Joaquim) montavam estavam faltando.

> *As sessões da semana transcorreram com muitas oscilações e rupturas de contato emocional. Algo parecia estar desconectado, e não era a primeira vez que eu vivenciava esses sentimentos contratransferenciais. Era como se essa análise tivesse várias bandas sem nada para ligá-las. Aquelas peças de quebra-cabeça que faltavam também me faziam lembrar um continente furado, e logo associei à situação traumática vivida por Joaquim.*[3] Imaginei que essas peças eram os espaços em branco ou vazios na representação, o trauma irrepresentável. *(pp. 24-25, grifos nossos)*

É quando Silva "imagina" as peças como espaços em branco na representação (isto é, não representáveis) que existe uma *suposição*

---

3 O trauma a que Silva se refere foi devido a um acidente quando Joaquim tinha 2 anos, ele ficou sozinho por várias horas. Seus pais também tiveram dificuldade para conter os próprios sentimentos de culpa.

que leva ao risco de falsos positivos. Silva não relata que Joaquim esteja especialmente perturbado por esses espaços em branco, e ele fica feliz quando as peças vão sendo montadas, e quando Silva preenche os vazios das peças com papel. *Ao relatar o trabalho de Silva, não estou sugerindo que ela esteja incorreta em suas suposições*, mas estou apontando para os possíveis problemas quando um conceito ou sentimento é considerado *automaticamente* como algo específico como um estado não representado, como ocorre com alguns pós-bionianos atuais. Seria como um freudiano ouvir um paciente falar sobre uma situação em que há três pessoas e presumir que se trata da representação inconsciente de um triângulo edipiano. Vale a pena considerar, mas é importante também escutar significados que surpreendam.

Parece-me que muitas vezes o analista sente-se excluído da vida interior do paciente, o que o leva a um sentimento de distanciamento ou de desvitalização, resultado de uma *dinâmica* distinta e não de um déficit de representação. Por exemplo, eu (Busch, 2006b) relatei minha *contratransferência com papel responsivo* à defesa do paciente, em que me afastei emocionalmente do trabalho com o paciente por me sentir sonolento, letárgico, vago, o que me levou a interpretar de maneira distanciada do imediatismo do momento clínico. Isso me pareceu uma reação às tentativas inconscientes do paciente de diminuir meu entusiasmo por nosso trabalho conjunto. Só com o tempo ficou claro que qualquer empolgação da minha parte no trabalho com ele levava-o a temer ficar sexualmente excitado e ter uma ereção na sessão, o que levaria a sentimentos de humilhação narcísica e vergonha. Minha contratransferência de papel responsivo foi uma resposta ao seu sentimento de perigo. Existem vários outros momentos em que existe uma explicação *dinâmica* para o analista sentir-se excluído. Estas incluem: a identificação inconsciente do paciente com um pai/mãe frio, rejeitador ou deprimido; a projeção de uma destrutividade silenciosa do paciente; a necessidade de o paciente estar em um estágio de narcisismo arrogante; as inúmeras maneiras pelas quais o analista pode retirar-se dos conflitos do paciente e vivenciar isso como resultado de o paciente fazer algo etc. Confundir um problema de conflito com um déficit estrutural pode ser bastante prejudicial aos pacientes.

Acho que o problema do *falso positivo* também pode ocorrer se cada pictograma afetivo for considerado uma *rêverie* transformadora. Por exemplo, uma colega relatou-me o seguinte.

> *M falava em seu tom de voz monótono e baixo de sempre. Era sua primeira sessão após minhas férias de verão, e eu me familiarizava novamente com a dificuldade de estar com essa paciente. Por um segundo senti-me desanimada, era apenas a primeira sessão da semana e faltavam mais três.*
>
> *Ela continuou falando, mas eu não a acompanhava. De repente, tive essa imagem de um grupo de garotinhas adoráveis rindo alto, juntas, com sinceridade, o que me animou, pensei na minha filha no jardim de infância que ela acabou de começar e em seus amiguinhos rindo muito quando o professor toca determinada música.*
>
> *Minhas associações com a história da paciente em relação ao riso ficaram imediatamente disponíveis. Essa é uma paciente que nunca ri. Existe uma falta de vida em suas sessões. Cresceu com uma mãe que ela [a paciente] estava convencida de que cobrava para fazer sexo com outros homens, enquanto estava casada com seu pai. Ela ouvia a mãe rindo alto com os homens no quarto. No tratamento, qualquer riso, qualquer sinal de vitalidade, qualquer alegria, qualquer animação é vivenciado como um repugnante tabu sexual.*

Ao pensar nessa imagem com a analista, ficou evidente que ela não aumentava o conhecimento da analista sobre a paciente. A analista conhecia o passado aparentemente sem alegria da paciente, em que o único riso em sua casa estava associado à fantasia (ou realidade) do riso da mãe com os amantes. A imagem mais parecia um jeito de a analista reavivar sua mente analítica e reencontrar seu investimento libidinal na paciente. Embora não se possa descartar a possibilidade de a analista estar captando o desejo inconsciente da paciente para si mesma, não é possível dizer com certeza. Permanece a questão: essa foi uma *rêverie* transformadora para a analista, para a paciente ou para ambas?

Em minha experiência psicanalítica pessoal, trabalhei com muitos pacientes como os descritos por Ogden (2007a). Estou pensando especificamente em uma paciente que não conseguia estabelecer relações duradouras com homens. Ela não tinha problemas para atraí-los e, por um breve período, interessava-se muito por eles, mas isso logo desaparecia. No início da análise, falava sem parar. Além disso, uma reação típica dela para a maioria das coisas que eu dizia era aparentar um interesse pensativo, mas em seus pensamentos posteriores havia pouca evidência de que minhas palavras tinham tido qualquer impacto. Assim, não era de surpreender que o desenvolvimento transferencial encenado parecesse espelhar seu relacionamento com os homens.

> Um dia, enquanto ela falava, tive a imagem de uma cena banhada pelo sol, em que uma jovem, com os cabelos esvoaçantes enquanto dirigia um conversível por uma estrada do litoral, não me deixava entrar no trânsito. Não foi difícil entender algumas partes da imagem. Embora a paciente fosse mais velha do que a mulher do sonho, meu sentimento de que minha entrada em seu tráfego verbal

não era permitida era consciente. Assim, refleti sobre o motivo de essa imagem ter vindo à minha mente e o que representaria. Meus pensamentos seguintes foram para um antigo comercial de uma *minivan para famílias*. No comercial, um homem de meia-idade dirigia com a esposa e os filhos na minivan anunciada, quando uma mulher jovem e bela dirigindo um conversível ao lado a minivan começa a flertar com ele e depois sai em alta velocidade. A ideia que o comercial buscava passar parecia ser a tentativa de aliviar as ansiedades da virilidade fugaz típicas da meia-idade, associadas com a dirigir uma minivan sem graça para famílias. A mensagem era que você podia dirigir essa minivan e ainda ser sexy. Isso levou a outra lembrança de um filme antigo, *O Nome do Jogo*, em que, por meio de uma série de circunstâncias engraçadas, a minivan para famílias torna-se o veículo preferido de atores e agentes poderosos de Hollywood. Então me veio à mente uma música, "California Dreamin'", do grupo de pop-rock The Mamas and the Papas. Isso me fez recordar o ano que passei no sul da Califórnia durante minha adolescência, onde floresci, e em minha memória o sol brilhava sempre, e *minha mamãe e meu papai* pareciam estar se dando bem após um período penoso.

No dia seguinte, de repente surgiram duas imagens enquanto eu escutava essa paciente. A primeira, de um homem jovem e robusto que caminhava com água até a cintura. Era uma luta e tanto, mas ele progredia. A imagem seguinte foi a mesma, só que era um homem mais velho e frágil nas mesmas circunstâncias. A isso

> seguiu-se a associação com um artigo que eu tinha lido no dia anterior sobre um homem de 55 anos, um aventureiro ativo que havia sobrevivido a muitos testes de resistência em ambientes extremos, que morreu durante a travessia da Antártida. Embora estivesse em excelente forma física (o jovem), em sua última mensagem comunicou que o esforço de caminhar pela neve profunda o fez perder as forças e sentir que não conseguiria continuar (o homem velho e frágil).

Como entender meu *pictograma afetivo*? De maneira superficial, minha primeira imagem pouco acrescentou ao que eu já tinha compreendido sobre a maneira de falar da minha paciente e a minha reação. No entanto, minhas associações apontavam para um modo inconsciente de eu vivenciar minha paciente que não estava consciente para mim. Ou seja, inconscientemente, eu parecia vivenciar a maneira ininterrupta de falar da minha paciente como um desafio à minha virilidade. Naquela época, eu tomava consciência de certos sintomas físicos que me alertavam para meu envelhecimento,[4] mas, até aquele momento, eu não sabia como isso poderia estar afetando minha resposta às resistências e aos problemas de caráter de meus pacientes. A segunda imagem forneceu mais evidências de que meu recente retraimento silencioso com essa paciente tinha uma qualidade soturna, que refletia meu narcisismo ferido.

Como lembrete, esse exemplo me veio à mente quando eu ponderava sobre a ideia de que os *pictogramas afetivos* fossem basicamente resultado da compreensão inconsciente do paciente pelo analista e o início de um processo transformador. Nesse exemplo, o pictograma afetivo e minhas associações a ele revelaram uma contratransferência

4 Dessa perspectiva, o homem de meia-idade no comercial era um desejo e uma negação da minha idade real.

inconsciente crucial para a minha compreensão de como eu vivenciava a transferência da minha paciente. Dessa perspectiva, o pictograma foi extremamente útil, mas mostra a dificuldade de se pensar que um pictograma tem apenas *um* significado. Os pictogramas afetivos ajudaram-me a compreender uma contratransferência encenada (*enacted*) que ocorria. Isso só ajudou a paciente após eu ter elaborado a minha contratransferência, e não posso dizer que tenha sido imediatamente transformador para a paciente.

Em suma, não acho que possamos dizer que qualquer coisa é uma única coisa em psicanálise. Como tentei mostrar nesta seção, até mesmo os pictogramas afetivos, que, segundo penso, têm maior potencial de *rêverie*, precisam de um trabalho psicanalítico considerável por parte do analista para que seu significado seja desvendado e eles não caiam na categoria de falso positivo.

Sonhar como compreensão

Do ponto de vista pós-bioniano, o sonho e a capacidade de *rêverie* são considerados *funções superalfa e base para o conhecimento inconsciente*. Por exemplo, Ferro acredita que "O objetivo da análise é desenvolver no paciente a capacidade de 'sonhar' . . . e, portanto, transformar, metabolizar e, em consequência, esquecer – os excessos de sensorialidade e protoemoções que, a não ser que sejam digeridas e 'sonhadas', conduzem a sofrimento e a sintomas" (Ferro & Basile, 2009, p. 11). Ogden (2007a) afirma: "Considero que o sonhar é a função psicanalítica mais importante da mente: *onde há 'trabalho onírico' inconsciente, há também 'trabalho de compreensão' inconsciente* (Sandler, 1976, p. 40); *onde há um 'sonhador que sonha o sonho' inconsciente* (Grotstein, 2000, p. 5), *há também um 'sonhador que compreende o sonho'* (p. 9) (p. 576, grifos nossos). Pacientes que não conseguem sonhar seus sonhos contradizem esse ponto de vista. Isto é, eles sonham, mas são *incapazes de dar representação às suas representações oníricas ou de simbolizar seus símbolos*. Se os pontos de vista pós-bionianos sobre sonho e *rêverie*, como apresentados aqui, fossem exatos, seria de se esperar uma correlação entre a capacidade de sonhar e a capacidade de sonhar os próprios sonhos. Também é difícil saber como um pós-bioniano entenderia um paciente apresentado por Aisenstein (2017) que tinha sonhos diurnos vívidos, mas não tinha sonhos noturnos. No mínimo, o que foi dito anteriormente sugere que sonhar é mais complicado do que um evento *transformador* ou uma estrada régia para o conhecimento inconsciente. Além disso, como mostra o exemplo a seguir, pode haver muitos significados quando um paciente é incapaz de fazer associações a seus sonhos, além da falha de representação. Isso também levanta a possibilidade de que vale a pena considerar que, quando um paciente não consegue associar além dos eventos concretos de sua vida, será necessário considerar outras alternativas além da falha de representação.

O paciente que não conseguia sonhar seus sonhos

Esse é um exemplo de paciente que questiona a ideia de que *onde há "trabalho onírico" inconsciente, também há um "trabalho de compreensão" inconsciente*. Esse paciente conseguia sonhar, mas não parecia haver um *"trabalho de compreensão" inconsciente*. Ao contrário, suas respostas aos símbolos de seus sonhos eram a encenação (*enactment*) de uma defesa específica.

O sr. M iniciou uma sessão da seguinte maneira: "Assim, ontem... Quero dizer – havia todo esse sentimento – mas então não era igual. Fiquei aliviado... Foi interessante...".[5] Esse jeito de falar era típico

5 Embora alguns pacientes achem difícil iniciar uma sessão e possam falar dessa maneira, para esse paciente, esse jeito de falar não era atípico durante as sessões.

do sr. M, e eu pensava nele como um telégrafo, com muitos pontos e traços (como as antigas máquinas telegráficas), o que muitas vezes me deixava sem pensamentos a não ser um sentimento de confusão. Esse era também um paciente com sonhos noturnos frequentes e extensos, cheios de símbolos sexuais, mas incapaz de fazer qualquer associação aos símbolos dos seus sonhos. Falava principalmente *de como se sentira no sonho* ou de seus *sentimentos sobre o sonho*. Geralmente eram sentimentos de não ser cuidado. É diferente de um paciente que se sente constrangido ou culpado pelos símbolos dos sonhos. Esses pacientes reconhecerão a natureza simbólica de seus sonhos e os abordarão hesitantemente, com poucas associações. As associações desse paciente eram com seus sentimentos. Um sonho típico desse paciente foi o seguinte:

> *Eu me preparava para correr uma maratona. Certifiquei--me de ajustar meus tênis perfeitamente para minhas meias não se enrolarem e causarem bolhas. Passo vaselina na parte interna das coxas para não ter irritação. Certifico-me de que meus shorts não estejam muito apertados para não prenderem meus testículos. Quando corro, isso às vezes acontece. A maratona começa e estou correndo melhor do que nunca, à frente de todos por uma grande margem. De repente, vejo uma cobra enorme no meio da estrada. Chamo um funcionário da corrida que, rindo, diz "sem problemas", tira um machado de sua caixa de suprimentos e alegremente corta a cobra. Fico horrorizado, mas começo a correr de novo. No entanto, minhas pernas estão muito pesadas, sinto-me exausto e todos os outros corredores começam a me ultrapassar.*

Os pensamentos do sr. M após relatar o sonho foram acerca de como não havia ninguém perto para ajudá-lo, um tema familiar.

Embora as implicações transferenciais sobre o funcionário castrador fossem claras, as interpretações da transferência nesse momento do tratamento em geral não levavam a lugar algum. Trabalhando em deslocamento, perguntei-me se "seus pensamentos sobre a falta de ajuda teriam sido estimulados pelo funcionário da prova". Pensei que isso poderia nos levar ao tema da castração, mas apenas levou-o a reiterar ainda mais seu sentimento de falta de ajuda, contado de modo telegráfico. Depois disso, fiquei com um sentimento de agitação. De início, esforcei-me para me manter com esse sentimento e, com o tempo, pareceu-me que eu estava interessado nos símbolos sexuais, apenas para ouvir do sr. M em linguagem de ação que nada havia para interessar ou entusiasmar. Nas sessões seguintes, lembrei-me de uma ex-paciente cujo marido era viciado em cocaína. A paciente parecia perceber, mas não conseguia ter plena consciência a respeito. Ao investigarmos essa questão, ela se lembrou de quando tinha mais ou menos 5 anos e viu seu pai beber uísque logo pela manhã de maneira sub-reptícia, e quando ela perguntou: "Papai, o que você está fazendo?", ele respondeu: "tomando meu remédio". Então, como a minha ex-paciente, com o sr. M eu me sentia como se ouvisse: "Você acha que está vendo algo, mas não é nada".

Outra sessão como essa continuou. Um sonho que ele me contou tinha sua família perto de uma piscina, e lembrei-me de ter ouvido tempos atrás uma palestra em que o analista acreditava que sonhos com piscina eram referências a memórias da cena primária. Um sonho levou-me a fazer algumas outras associações. Nesse sonho ele estava em um quarto e no quarto ao lado havia muitos ruídos que lhe pareceram brigas. Lembrei-me então de que no início da análise ele me contara que até os 6 anos tinha dormido no quarto dos pais, e quando se mudaram para uma casa maior e ele tinha seu próprio quarto, costumava passar pelo quarto dos pais para ir ao banheiro. Seus pais sempre deixavam a porta do quarto aberta. Ele lembrou que por um período tentou reduzir sua vontade de urinar durante a noite para não ter que passar pelo quarto dos pais. Depois disso, lembrei-me de quando o apartamento da minha família estava sendo reformado, eu tinha uns 5 anos, e durante cerca de um mês toda a minha família ficou em um hotel e dormimos todos em um único quarto. Essa associação me veio à mente durante minha análise, quando eu tentava entender minha frustração com os instrutores que, conforme eu sentia, diziam coisas que não faziam sentido. A partir dessas associações pude perceber que minha agitação com M parecia uma reação contratransferencial a algo que eu ouvia acontecendo, mas não compreendia. Ambas as associações, a de M e a minha, pareciam uma memória típica de cena primária.

Em sessão posterior, o sr. M ficou usando a palavra "isso", e para mim não estava claro a que "isso" se referia. Finalmente descobri que o "isso" a que o sr. M se referia tinha a ver com o que ele descreveu como "nosso" entendimento de um sonho, que basicamente tinha a ver com *sentimentos* dele sobre o sonho. Contudo, na minha memória não houve compreensão do sonho, apenas seus sentimentos sobre o sonho, e eu tive uma reação "Hã!" em minha mente. Ele sentiu depois da sessão que "isso" (aquela palavra novamente) havia chegado a um *clímax* e ele conseguia respirar novamente. O sr. M não parecia ter qualquer consciência do possível significado sexual dessa palavra. *Eu sentia que havia algo erótico acontecendo, porém se eu o mencionasse, M poderia reconhecer, mas não conseguiria fazer nada com isso, assim como com os símbolos dos sonhos*. Mais uma vez, senti-me agitado e me questionei sobre minha reação contratransferencial – ou seja, há algo sexual acontecendo, mas nada devo dizer a esse respeito.

Em geral sou cauteloso ao fazer qualquer interpretação baseada em minhas reações contratransferenciais, tentando filtrar o que pode ser mais uma reação idiossincrática minha a um paciente *vs.* captar algo comunicado, mas não verbalizado em minha mente, sobre as comunicações do paciente. Como disse Birksted-Breen (2012), a psicanálise "requer um tempo de digestão e transformação, um 'tempo de reverberação'" (p. 833). Uma vez que houve essa confluência de associações em minha contratransferência, senti-me suficientemente confiante sobre minha compreensão do que estava acontecendo para iniciar o processo interpretativo. Comecei fazendo uma série de esclarecimentos (Busch, 2014) para ver se o sr. M conseguia captar o que eu considerava como a base do meu estado de agitação. Por exemplo, eu lhe disse: "Pergunto-me se quando você usou o termo 'clímax' o significado sexual passou pela sua cabeça". A resposta do sr. M foi que isso lhe viera à mente, mas como imaginou que eu também veria isso, não havia necessidade de ele dizer. Foi assim que a transferência encenada (*enacted*) se expressou, levando à minha sensação agitada de que algo sexual estaria acontecendo, *mas estávamos fingindo que nada sexual acontecia*. Com o tempo, pudemos perceber que isso acontecia repetidas vezes quando havia referências sexuais, levando à compreensão de que agora era eu quem estava na posição de quem vivenciava a cena primária, ficando com a sensação de agitação e confusão que seria vivida por um menino que dorme no quarto dos pais. Em minha opinião, não faz sentido interpretar o que está subjacente até entrarmos em acordo com o analisando sobre o que está acontecendo no processo (ou seja, a linguagem de ação). Nesse sentido, não é como os pós-bionianos que postulam a necessidade de construir uma representação inicial. *Com a linguagem de ação, a tarefa é mudar de um tipo de representação (isto é, linguagem de ação) para outra forma de representação (isto é, palavras).*

O modelo da rêverie *como estado mental da mãe em relação ao bebê*

Existem várias maneiras de abordar essa questão. Em primeiro lugar, há pouca dúvida de que a capacidade da mãe de conter as emoções primitivas do bebê é fundamental para que sejam transformadas em algo menos tóxico. No entanto, a pesquisa e o tratamento psicanalítico desde a época de Bion deixam claro que são as milhares de maneiras de a mãe interagir com o bebê (ou seja, sua sintonia com os sentimentos do bebê, a maneira como ela lida e fala com ele, o alimenta, dá banho, troca fraldas etc., etc.) que afetam como o bebê enfrentará a tempestade de sentimentos e estados internos brutos e não processados. Não há correlação direta entre a forma como a mãe sonha com o bebê e como ela se relaciona com ele. Basta pensar em uma mãe do tipo mais narcisista, que pode sonhar com um vínculo amoroso com o bebê, mas fica irritada quando o bebê exige muito dela. Além disso, o desenvolvimento da função alfa *não se limita ao primeiro ano de vida, mas continua ao longo dos estágios de desenvolvimento da infância* e pode sofrer interferência em qualquer estágio. Será preciso apenas lembrar dos efeitos potencialmente regressivos das separações por volta dos 2 anos de idade relatados por Bowlby (Bowlby, Robertson & Rosenbluth, 1952) para entender que a capacidade de modular os elementos beta pode sofrer interferência com base nas circunstâncias de vida após o primeiro ano. Além disso, vale a pena considerar que *não existe uma mãe eficaz que possa modular todos os sentimentos e fantasias*, mas sim uma mãe que pode ser melhor ou pior na transformação dos elementos beta, dependendo do estágio de desenvolvimento da criança. Algumas mães podem ser excelentes para acalmar as tempestades de elementos beta no primeiro ano de vida, mas não tão boas para ajudar a criança a modular afetos intensos na época dos "terríveis 2 anos", quando a necessidade da criança de se opor pode ser confundida com hostilidade. Ao longo de todo o desenvolvimento, desde a infância até a adolescência, a maneira de acalmar e simbolizar precisa mudar de acordo com as necessidades específicas do estágio em que a criança está, e a mãe que é exímia em acalmar um bebê pode não ser tão habilidosa quando a criança quer se separar ou desafiá-la pela afeição do pai. Como Stern e Sander (1980) observaram, o processo de adaptação ou vinculação envolve duas disposições e organizações comportamentais singulares e extremamente díspares.[6] Embora Sander tenha se concentrado do primeiro ano até os 3 anos de idade, há poucas dúvidas de que essa *adaptação de um ao outro* continua por muito tempo.

Pode-se pensar que o desenvolvimento da *rêverie* na díade mãe-filho envolve (ao menos) *duas funções distintas, mas interdependentes*. A primeira é a capacidade da mãe de conter e acalmar a explosão de emoções da criança. A segunda é a capacidade da mãe de transformar essas emoções em *pensamentos pensáveis*.[7] Mesmo com apenas essas duas funções, as combinações de fatores que levam à capacidade de sonhar são inúmeras. Deixe-me apresentar alguns exemplos que, em diretrizes gerais, dão uma indicação de aonde quero chegar.

O bebê acorda gritando. A mãe pode entrar no quarto de várias maneiras – ou seja, abrindo a porta calmamente, conversando suavemente com o bebê enquanto o pega em seus braços. Todo o tempo a mãe fala com ele com voz calma – por exemplo, "mamãe está aqui agora, e é hora de comer, mas primeiro vamos deixá-lo mais confortável trocando sua fralda"[8] etc. Outra mãe pode entrar no quarto de maneira ansiosa e bater a porta enquanto corre para acalmar freneticamente a criança que grita, pegando-a e alimentando-a, mas

6 Os primeiros estudos psicanalíticos de Escalona (1963) mostraram que uma mãe suficientemente bem-sucedida com um tipo de bebê pode não ser tão bem-sucedida com outro tipo de bebê.

7 Ogden (2010) observou: "A mãe, em estado de *rêverie*, aceita os pensamentos impensáveis e os sentimentos insuportáveis do bebê (que são inseparáveis da sua resposta ao sofrimento do bebê)" (p. 330).

8 Não que a criança entenda essas palavras, mas é mais o tom de voz. Lembro-me de um cartum que vi uma vez sobre o que os cães ouvem. O homem está dizendo ao cachorro: "Bem, Fido, vejo que está na hora do seu jantar e depois, Fido, vamos dar um passeio. Parece bom para você, Fido?". E o cachorro ouve, "blá, blá, blá, Fido, blá, blá, blá, Fido".

a própria ansiedade da mãe leva-a a segurar a criança de maneira desajeitada, e nenhuma das duas consegue sentir-se à vontade no processo de alimentação, e não se diz uma palavra. Agora, imagine esse cenário sendo repetido em centenas de mamadas, e então a criança passa para o próximo estágio e processos semelhantes se repetem. Nesse ponto não levamos em consideração a força dos impulsos, a força da barreira de estímulos da criança, seu temperamento etc. Nesses exemplos simplificados, temos uma boa ideia da multiplicidade de fatores que levam ao aumento ou à interferência na capacidade de *rêverie* – e isso antes mesmo de a criança entender uma única palavra.

Tudo o que se disse suscita a questão da validade da metáfora de *rêverie* de Bion como o cerne para o desenvolvimento da função alfa e, portanto, a base para a mudança terapêutica, conforme observou-se no trabalho de Ogden e Ferro, em que a maneira de o analista sonhar o paciente é suficiente para que ocorra a mudança.

Uma metáfora que difere das rêveries *da mãe como base para o desenvolvimento psíquico*

Analistas da Escola Psicossomática Francesa (Aisenstein & Smadja, 2010), ou por ela influenciados, desenvolveram uma forma diferente de trabalhar com pacientes semelhantes àqueles descritos pelos pós-bionianos. A descrição de Aulagnier (1984) da relação mãe-bebê apresenta uma alternativa ao modo de pensar de Bion sobre como os sentimentos da mãe transformam soma em psique. Conforme resumido por Miller (2015):

> *O significado é transmitido e construído por meio da qualidade das experiências corporais compartilhadas dentro de uma topografia que implica a indefinição dos*

> *limites corporais . . . A emoção da mãe, relacionada à manifestação do corpo do bebê, será percebida pelo bebê e inaugurará a* junção *entre seu psiquismo e o discurso e a história que o aguardavam. (Aulagnier, 1984, p. 17, citado por Miller, 2015, p. 1366)*

Apesar de eu também pensar que essa visão é limitada, ela acrescenta outra dimensão ao relacionamento mãe-bebê.

O modelo francês de trabalho com pacientes mais primitivos, sem capacidade de funcionamento simbólico, é diferente daquele dos pós-bionianos. Em um artigo que capta esse tipo de abordagem, Lecours (2007) argumenta que "intervenções de apoio são os meios terapêuticos mais relevantes do analista para ajudar pacientes com sistemas simbólicos fracos a transformar episódios de transferência não simbólica e restabelecer o funcionamento mental simbólico" (p. 896). Ele segue Marty (1976), que ressaltou ser necessário um sistema *pré-consciente eficiente* para a construção de um aparelho estrutural que permita uma maior capacidade contenção. Sem essa capacidade, "os conflitos são atualizados no 'mundo real' e exigem uma resposta *interpessoal*" (p. 898, grifo nosso). Assim, há uma tendência de encenar (*enact*) a transferência em vez de refletir a respeito dela. Ele acredita que as camadas não simbólicas da transferência "podem ser elaboradas ou transformadas por meio do uso deliberado de técnicas de apoio" (p. 897). Embora as medidas de apoio muitas vezes evoquem ser gentil ou aumentar a autoestima do paciente, o modelo francês é mais sofisticado. Um exemplo de Aisenstein (2017) demonstra essa forma de trabalhar em uma consulta com um paciente psicossomático.

O paciente foi encaminhado a ela para consulta após exigir do seu reumatologista uma cirurgia como "solução final" para seu problema de ciático. O paciente acha ridícula a necessidade de uma consulta, sugerindo que não deveria ter mencionado este termo, "solução final", para aquele que acreditava ser seu médico judeu. Aisenstein não aborda o sentido mais profundo dessa frase, mas, após respeitar o silêncio do paciente, indaga acerca da profissão dele, que tem a ver com cinema. Pergunta se ele se interessa por sonhos, que ela descreve como "cinematografia interior" (p. 15). O paciente responde que sim, conta quatro sonhos e depois pede a interpretação de Aisenstein. Ela responde que não tinha nenhuma intepretação e explica o motivo, mas diz que tinha notado um detalhe visual em todos os sonhos – isto é, que ele nunca estava em pé. Aisenstein disse-lhe que em questões psíquicas não é possível chegar a conclusões rápidas e conta algo a respeito dos mecanismos dos sonhos, inclusive que são antes de mais nada guardiões do sono. O paciente lembrou-se de seu avô poderoso, mas inválido, o único homem por quem se interessava.

Nessa breve vinheta, observamos que Aisenstein não toca nas questões mais profundas da "solução final" e, ao contrário, orienta o paciente a pensar na sua mente e em como ela cria filmes internos. Quando ele conta seus sonhos e a desafia a interpretá-los, ela não morde a isca e explica o motivo. Ela não interpreta o sonho, mas esclarece[9] um tema ao qual ele responde com uma associação.

Lecours (2007) argumenta que as intervenções de apoio são os meios terapêuticos mais relevantes do analista para ajudar os pacientes com um sistema simbólico fraco a transformar episódios de transferência não simbólica e a restabelecer o funcionamento mental simbólico. Ele tem uma visão sofisticada das medidas de apoio, diferente do significado habitual de fortalecer as defesas.

> *A expressão "intervenções de apoio" é usada aqui na falta de outra melhor que pudesse abranger intervenções*

9 Já escrevi anteriormente (Busch, 2014) sobre a utilidade da subutilizada técnica do esclarecimento no tratamento psicanalítico.

> *que abordem conteúdos e processos não simbólicos. Tais intervenções incluem qualquer resposta relacional de um analista que enfatize elementos curativos não simbólicos, adaptados a um funcionamento mental não simbólico. Eles proporcionam ativamente ao paciente uma barreira de estímulo, um continente, um estímulo para criar representações mentais, um suporte para a introjeção de objetos internos benevolentes, um amortecedor contra a projeção de objetos internos maléficos, a satisfação de necessidades básicas do ego ou do* self, *um espelho que valide etc. Permitem a capacidade de aprender por meio da experiência quando os meios simbólicos não puderem ser usados para lidar com o sofrimento psíquico. (p. 908)*

Ele apresenta uma vinheta mais longa nesse artigo demonstrando de que modo usou métodos de apoio com uma mulher de 28 anos que recentemente tentara suicídio. Ela sofrera abuso sexual na infância e atualmente vivia uma sobrecarga afetiva devido às lembranças da experiência. Não é surpresa que ela logo vivenciasse o analista como alguém abusivo. Lecours concentra-se em uma sessão na qual ela se sentiu forçada por ele a frequentar um grupo de apoio para mulheres que sofreram abuso sexual, em que ela sentiu que a entrevistadora era fria e intrusiva. Lecours não tenta interpretar a encenação (*enactment*) em andamento de estar em um relacionamento abusivo ou a provável projeção. Para o leitor, ele destaca o senso de convicção da paciente sobre a realidade de seus sentimentos e "sublinha a obstinada concretude de sua experiência transferencial" (p. 903). Em minha experiência, quando o paciente está pensando dessa maneira, interpretar o *significado* subjacente de seus sentimentos, na melhor das hipóteses, não fará sentido para ele, e mais provavelmente o fará se sentir incompreendido. Em vez disso, Lecours esclarece o que quis dizer e reconhece que pode ter julgado mal a prontidão dela para participar do grupo. Ele sugere que ela pode ter sentido que ele era igual à mãe dela, que se mostrava surda às suas objeções. É uma intervenção intrigante, na medida em que relacionar a transferência atual com relações objetais passadas em geral é considerado uma interpretação profunda. No entanto, se o paciente já verbaliza sentimentos intensos a respeito de um dos genitores, conectar os sentimentos do paciente em relação ao analista ao passado provavelmente dará mais apoio do que um novo *insight*. A paciente de Lecours já sabe que tem intensos sentimentos de raiva em relação à mãe, então ao fazer a conexão entre a mãe dela e o analista Lecours está construindo uma nova estrutura, em que sentimentos antigos são expressos no presente, como um passo inicial para ajudá-la a elaborar suas memórias intrusivas e os sentimentos que elas engendram.

Em suma, o modelo francês sobre a necessidade de medidas de apoio no trabalho com pacientes com processos primitivos de pensamento é diferente do modelo pós-bioniano. Além disso, nos últimos quarenta anos houve avanços significativos no trabalho com pacientes mais perturbados, que parecem não estar incluídos no pensamento pós-bioniano de tratamento baseado em *rêveries*. Essa área é vasta, e mencionarei apenas que Kernberg reconhece a fraqueza do ego em pacientes *borderline*, a importância de aplicar as ideias de Kohut sobre o trabalho com o narcisismo patológico e a multiplicidade de sugestões clínicas exemplificadas pela abordagem "centrada no analista" de Steiner (1994). É como se a lealdade ao pensamento bioniano tivesse levado alguns pós-bionianos a aparentarem trabalhar em uma bolha livre de influências externas.

Também vale a pena notar que muito antes de Bion, Freud (1915, 1923, 1926, 1933) e, mais tarde, os primeiros psicólogos do ego exploraram como pensamentos e sentimentos primitivos foram transmutados em estruturas e funções que ajudaram a combater afetos (por exemplo, o artigo de Freud de 1915 sobre "O inconsciente", em que ele postulou de que modo as "apresentações de coisa" se transformam em "apresentações de palavra"). Ao trabalho de Freud sobre o modelo estrutural seguiram-se os pontos de vista de Hartmann (1939) sobre a construção de representações, o trabalho de Jacobson (1954) sobre a capacidade do ego de criar representações mentais de si mesmo e do objeto, junto com os primeiros estudos sobre a importância da relação mãe-filho de Spitz (1945, 1946), Bergman e Escalona (1949), Mahler (1968), Winnicott (1987) e muitos outros. Além disso, vale lembrar que décadas antes de Bion, Kris (1936) descreveu o que chamou de *regressão a serviço do ego*, por meio da qual ocorre uma regressão controlada que permite a integração de pensamentos e afetos primitivos. Enquanto o foco de Kris estava no processo criativo e na capacidade do paciente de entrar em um estado muito parecido com a *rêverie*, ele também descreveu a importância do processo criativo no uso que o analista faz de sua própria mente.

> *Sugere-se a possibilidade de que uma tensão considerável entre a regressão na situação analítica e seu controle mais ou menos tranquilo possa caracterizar alguns daqueles raros indivíduos que mostram o que se chama vagamente de dom para o trabalho analítico, ou ao menos um dom para isso num aspecto importante . . . (p. 266)*

Ao mencionar esses desenvolvimentos antes da evolução da teoria de Bion, quero apenas observar a tendência na psicanálise de uma teoria se isolar das outras, que persistiu até hoje e resultou em uma teoria fragmentada da mente e da técnica psicanalítica.

Falta de clareza e consistência na definição de rêverie

Na avaliação da utilidade de qualquer conceito psicanalítico, deve haver certa *confiabilidade*[10] *ou estabilidade* de significado entre as pessoas que o utilizam. Isso é básico para o desenvolvimento de qualquer construto em qualquer campo de estudo. Em seu nível mais simples, só pode levar a confusão se pensarmos que o pós-bioniano que estamos lendo ou escutando tem uma definição de *rêverie*, mas na realidade o autor tem sua definição própria do termo.

Na superfície, os Rocha Barros e Ferro concordam que a *rêverie* assume a forma de *pictogramas afetivos*. No entanto, aparentemente Ferro contribuiu para a confusão que ele denuncia devido às suas próprias mudanças de opinião. Por exemplo, às vezes ele parece exigir uma *definição estrita* de *rêverie* como uma imagem espontânea que se apresenta ao analista. Além disso, ele critica a definição expandida de *rêverie* de Ogden, sem nomeá-lo, ao relatar que *rêverie* tornou-se algo que pode significar tudo e seu oposto. Como ele afirma: "Ela tem sido entendida de maneira muito ampla, de modo que qualquer coisa que vem à mente a qualquer momento, tudo se torna uma *rêverie*, tudo se torna um estado onírico" (Ferro & Nicoli, 2017, p. 76).[11] Ele conclui: "Não é nada disso, *rêverie* é algo muito específico" (p. 76).[12] No entanto, em seu livro *Rêveries*, de 2015, em que ele publicou centenas de *rêveries*,[13] ele inclui muitas categorias diferentes de

---

10 Estou usando o termo confiabilidade aqui em seu sentido científico – isto é, consistência de resultados ou significados.

11 É exatamente assim que Ogden apresenta as *rêveries*.

12 Ele passa a destacar a imagem que vem à mente que é insistente e irritante. Isso suscita a interessante questão do afeto que acompanha as *rêveries* e de sua importância. Tratarei disso em capítulo posterior.

13 Não está claro no livro de quem são as *rêveries* relatadas, dele ou de seus pacientes ou de ambos.

pensamentos e muito poucas imagens visuais ou *pictogramas*. Eis alguns exemplos:[14]

- "Pensar na morte enquanto se vive é como pensar na vida antes de nascer" (p. 44).
- "Interminável, o zumbido das moscas."
- "Por que eles não o deixaram em paz em vez de provocá-lo?"
- "Estava quente e úmido por toda parte: o cheiro cada vez mais opressivo."
- "Apenas a sombra dos abutres lhe disse a verdade!" (p. 55).
- "Quem é mais estúpido, o burro que não consegue ou o professor de canto que gostaria de fazer dele um soprano, mas apenas se decepciona e frustra a cada zurro?" (p. 194).

Embora seja possível valorizar a profundidade do sentimento e a sagacidade dessas ideias, aparentemente representam o tipo de pensamento a respeito do que é uma *rêverie* que ele também critica. Além disso, como já observado, enquanto em seus escritos posteriores Ferro pareceu abraçar a ideia de que *a* rêverie *tácita do analista seria suficiente para ajudar o paciente a transformar os elementos beta em elementos alfa, ele também adotou um ponto de vista semelhante ao dos Rocha Barros sobre a necessidade de elaboração das* rêveries *em linguagem compreensível para o paciente*: "todas as *rêveries*, todas as imagens armazenadas pelo processo hipotético-transformador da nossa mente devem ser ligadas, conectadas, tornadas coerentes em uma *narrativa* que possa ser compartilhada com o paciente" (2017, p. xv). Contudo, ainda assim em outros momentos Ferro minimiza a importância das palavras, principalmente ao se trabalhar com as partes mais primitivas da personalidade. Por exemplo, ele diz a esse respeito: "a terapia acontece por meio do ritmo, que é um dos aspectos mais importantes, relacionado ao não verbal, à identificação

---

14 Escolhidos por serem curtos.

projetiva, e a outras coisas *bem antes das palavras*" (Ferro & Nicoli, 2017, p. 13, grifos nossos).

De certa forma, a visão de *rêverie* de Ogden é a mais próxima da de Bion. Isto é, conforme o ponto de vista de Bion de que as *rêveries* da mãe em relação ao bebê transformam os elementos beta em elementos alfa, Ogden acredita que se estiver em um *estado de* rêverie (o que sinto que é verdadeiro em todos os seus exemplos clínicos), *tudo o que ele pensa ou faz transformará elementos beta em elementos alfa*. Como observado anteriormente, a visão de *rêverie* de Ogden é muito mais ampla do que a dos Rocha Barros e de Ferro (às vezes). Seu ponto de vista suscita várias questões. Em primeiro lugar, Ogden considera que a *rêverie* é um *estado mental* que ele acredita adentrar no qual tudo é uma *rêverie*, enquanto para os Rocha Barros e o Ferro *do início* a *rêverie* é algo que surge repentina e inesperadamente, na forma de uma imagem. Dado o poder do inconsciente na mente do analista, não creio que a visão de Ogden seja sustentável. Para aceitar sua visão, seria preciso acreditar em um analista perfeitamente analisado, cujos pensamentos estejam totalmente sintonizados com o inconsciente do paciente. Outra questão central para o trabalho de Ogden é: seria necessário e útil distinguir entre *as* rêveries, *as reações contratransferenciais e as associações* do analista? É irônico que Ogden contribua para o que levou Bion a criar sua nova linguagem (isto é, a pletora de significados associados aos conceitos psicanalíticos). Como se observou anteriormente, os Rocha Barros e Ferro fazem uma distinção nítida entre reações contratransferenciais e *rêverie*, e Ferro desenvolve seu termo próprio (ou seja, derivados narrativos) para o que tem sido chamado de associações livres do analista. Parece-me que é importante manter as distinções apontadas pelos Rocha Barros e por Ferro (às vezes), pois estamos falando de *diferentes estados mentais* subjacentes à *rêverie*, à associação livre e às reações contratransferenciais. A base das reações contratransferenciais são os afetos inconscientes, as associações ocorrem mais frequentemente em forma *verbal pré-consciente*, e as *rêveries* ocorrem como *imagens*, em qualquer lugar *do pré-consciente ao inconsciente*. Considerar como iguais esses diferentes estados mentais, em diferentes partes da mente, seria exatamente o que Bion condenava. Há mais a ser dito sobre isso, mas vou reservá-lo para um capítulo posterior.

7. Questões sobre a construção a dois da *rêverie*

Foi uma contribuição importante para a compreensão da situação analítica perceber que, em determinados momentos, precisamos estar atentos à possibilidade de que o que está acontecendo seja construído a dois. A maioria dos psicanalistas concorda com Pine (2011) que a mente é tanto "impulsionada a partir do interior quanto responsiva de modo relacional" (p. 825). É especialmente útil lembrar a possibilidade de uma encenação (*enactment*) construída a dois quando surgem impasses, ou o paciente desenvolve uma regressão repentina, e outros fenômenos. No entanto, Ogden e Ferro (nos seus últimos anos) propuseram a visão de que *todas* as análises, e, portanto, todas as *rêveries*, são *inteiramente* construídas a dois. Com a crença de Ferro (2009) nos poderes do "campo", a responsabilidade do analista por seus próprios pensamentos torna-se cada vez mais irrelevante. "No campo analítico, os 'campos subjetivos' de cada participante fluem juntos, dando origem a uma nova entidade que é muito mais do que a soma de seus predecessores" (Ferro & Basile, 2009, p. 13). Parece-me que a suposição de que conceitos como campo e análise sejam inteiramente construídos a dois suscita várias *questões éticas*.

Diamond (2014) recentemente levantou a questão de que haveria uma transgressão ética quando o analista usa sua própria experiência mental ao extremo, esquecendo-se da psicologia do paciente e concentrando-se apenas em si. Falando sem rodeios, isso deixa de fora a psique individual do paciente e o poder do inconsciente do analisando de provocar reações inesperadas no inconsciente do analista, que podem ter *muitas causas*, algumas bastante idiossincráticas, baseadas na história pessoal do analista e em subsequentes fantasias inconscientes, relacionadas apenas de modo tangencial ao inconsciente do paciente. Portanto, parece-me que, tanto do ponto de vista filosófico quanto científico, é heuristicamente necessário considerar um sonho construído a dois como *uma* possibilidade entre muitas.[1]

Embora a visão de Ogden sobre a construção a dois de uma sessão seja uma ideia que vale a pena ser considerada, entre muitas, para ele e para muitos outros analistas tornou-se o novo significado psíquico de sonho em psicanálise.

> *Queremos dizer a mesma coisa que dizíamos uma ou duas décadas atrás ao falarmos do sonho do paciente como sonho "dele"? Talvez seja mais correto pensar que o sonho do paciente seja gerado no contexto de uma análise (com sua própria história) que consiste na interação*

---

1 Além disso, é o retorno a um tipo de pensamento anterior ao desenvolvimento da dúvida cartesiana (conhecida principalmente pela obra de Descartes). Na dúvida cartesiana, o ceticismo a respeito das crenças pessoais é uma forma de determinar a probabilidade de sua maior exatidão. A experiência sensorial, em particular, com frequência é considerada equivocada. O que é descrito como o argumento do sonho postula que o sonho é usado como evidência preliminar de que os sentidos em que confiamos para distinguir a realidade da fantasia *devem ao menos ser cuidadosamente examinados* para determinar se algo é de fato realidade.

> *entre o analista, o analisando e o terceiro analítico e, portanto, não mais considerar o sonho simplesmente como "sonho do paciente". Em outras palavras, ainda faz sentido falar do paciente como o sonhador de seu sonho ou sempre há vários sujeitos analíticos (sonhadores) em tensão dialética, cada um contribuindo para cada construção analítica, ou mesmo para um evento psíquico tão aparentemente pessoal (ou seja, aparentemente uma produção do funcionamento da mente inconsciente individual) como um sonho ou um conjunto de associações oníricas? (Ogden, 1996, p. 892)*

Como tanto do pensamento pós-bioniano, essa contribuição é um importante *acréscimo* ao modo de pensarmos os sonhos, no entanto, deixa de fora muito do que sabemos sobre a capacidade do indivíduo de construir seus sonhos com base em desejos, defesas e todos os mecanismos psíquicos que trazem um paciente ao nosso consultório.

Mas o mais interessante ao tomarmos contato com algumas *rêveries* do pós-bionianos é que *muitas vezes nada ouvimos a respeito do "a dois" na criação conjunta*. Em outras palavras, às vezes (em especial com Ogden) ouvimos as "*rêveries*" que o analista tem, mas nada sobre o que pode ter sido despertado inconscientemente no analista para ter esses pensamentos ou sentimentos específicos. Essa seria a parte "a dois" de uma *rêverie* criada a dois. Ao contrário, temos uma suposição *a priori*, promulgada por alguns pós-bionianos, de que a *rêverie é* construída a dois. Além disso, temos a visão por alguns pós-bionianos de que as reações do analista, por mais primitivas que sejam, fazem parte de uma *rêverie* criada a dois que dá *continência* ao paciente.

Parece-me que o ponto de vista mais modesto dos Rocha Barros a respeito das *rêveries* do analista exemplifica uma abordagem mais frutífera. Ou seja, para eles, a *rêverie* "é uma ferramenta básica para *construir uma interpretação* acerca do significado da experiência emocional que acontece entre analista-analisando" (Rocha Barros & Rocha Barros, 2016, p. 141). Dessa forma, os Rocha Barros consideram que a *rêverie* é o *início da compreensão*, não a compreensão em si. Há excelentes evidências disso em uma apresentação de Elias da Rocha Barros (2018) e em uma contribuição de Cassorla (2013). Evidentemente, a literatura psicanalítica mais ampla está repleta de exemplos em que o analista usa suas associações para ajudá-lo a entender um sentimento surpreendente (por exemplo, Jacobs, 1993; Aisenstein, 2007).

Muitos outros analistas assinalaram as dificuldades de considerar tudo o que acontece na análise como construção a dois. Eagle (2003) criticou essa posição ressaltando que "existe o perigo de se questionar a própria existência da mente do paciente estruturada independentemente do analista" (p. 422). Eu acrescentaria que existe o mesmo perigo em relação a como o analista pensa a respeito da sua própria mente. Como Cassorla (2013) afirmou, "É importante notar que, embora o sonho do analista seja parte de um *sonho a dois*,[2] é um sonho pessoal" (p. 204). *Colocando em termos mais claros, diríamos que em alguns pontos de vista vigentes sobre* rêverie *o analista renuncia à responsabilidade por seus próprios pensamentos*. Esse é especialmente o caso quando o analista acredita que todo pensamento ou sensação que ele tem é uma *rêverie*. Katz (2016), assumindo a posição de Ogden, diz: "Todas as experiências do analista na sessão tornam-se material de *rêverie* e de possível relevância para o trabalho" (p. 87). Ela acrescenta: "Isso pressupõe que o analista esteja

---

2 Conforme descrito por Cassorla (2013), "O sonho do analista, implícito ou contado ao paciente por meio da interpretação, pode então ser absorvido, por sua vez, pelo paciente, pode se conectar à rede simbólica do paciente, e pode ser novamente sonhado pelo paciente. Esse novo sonho do paciente é contado ao analista, que então pode sonhá-lo novamente, e assim por diante" (p. 204).

livre de preocupações prementes e de outros distúrbios pessoais" (p. 87). Mas como o analista pode saber se está livre de distúrbios pessoais? Embora possamos ter consciência de estarmos um pouco deprimidos ou maníacos, ou preocupados com o primeiro dia de escola de um filho, os significados inconscientes desses distúrbios não podem ser compreendidos a não ser que façamos bastante trabalho psicanalítico. Estará em falta o *processo de autoanálise* necessário para organizar as múltiplas possibilidades do que pode nos levar a ter um pensamento ou sentimento surpreendente ou perturbador. Freud nos deu um método – a associação livre – para nos ajudar a entender não apenas *o que* está em nossa mente, mas *a razão* para isso. Os pós-bionianos são brilhantes em observar *o que* vem à mente, mas por decreto (ou seja, acreditando estar em estado de *rêverie*) evitaram a reflexão sobre *por que* o que surge na mente vem à mente. *A autorreflexão,*[3] *com todos os seus problemas como fonte de informação sobre o que está em nossa mente, é o único baluarte do analista contra o autoengano.* Diamond (2014) captou essa posição ao afirmar:

> *As reflexões do analista sobre seus processos mentais muitas vezes funcionam como um supervisor interno que interrompe a conexão fusional diádica paciente-analista dominada pela identificação imaginária. Essa atividade psíquica singular sobre o* uso da mente *pelo analista em relação ao paciente, ao analista e ao par analítico – com frequência facilitada por supervisores quando essa capacidade é perdida ou bloqueada – permanece um fator constante e essencial no complexo processo de ação terapêutica. (p. 533, grifos do original)*

3 Quero dizer por autorreflexão meditar e sonhar os próprios pensamentos, e não pensar muito sobre algo.

Em apoio, Barratt (2017) argumentou recentemente que

> *apenas a associação livre abre metodicamente o discurso da autoconsciência (as representações disponíveis para conscientização reflexiva) para a expressão do reprimido. O método é a chave da originalidade de Freud e o* sine qua non *de qualquer processo genuinamente psicanalítico. Procedimentos clínicos que não priorizem um compromisso firme e constante com esse método (enfatizando em seu lugar formulações interpretativas, como atos decisivos que parecem fixar e finalizar o sentido de uma experiência vivida, ou as vicissitudes da transferência-contratransferência na situação imediata do tratamento) aprisionam muito prontamente o tratamento, limitando sua capacidade de divulgar o poder dos processos inconscientes. (p. 39)*

Sara e Cesar Botella (2013), e também Birksted-Breen (2012), descrevem a necessidade de um tempo de reflexão para entender uma imagem que surge de maneira repentina. Esse ponto de vista está mais próximo da visão de *rêverie* de Bion, de que só pode ser compreendida algum tempo após ter acontecido. Um exemplo dos Botella (2013), após uma imagem surpreendente ocorrer em uma sessão, seguida do sentimento de convicção de que essa imagem foi decisiva para o tratamento:

> *Permiti-me algum tempo antes de intervir. Colocar alguma distância dessa maneira permite que o ego do analista recupere sua posição habitual, o que, por sua vez, reduz o estado de regrediância, ou mesmo o faz desaparecer. Meu jeito habitual de escutar, usando a* associação livre flutuante, *retornou. (Botella & Botella, 2013, p. 11, grifos nossos)*

Se aprendemos algo com a psicanálise é que qualquer coisa pode significar qualquer coisa. Portanto, como indicado, acredito que é somente por meio da contínua investigação do analista a respeito do que está em sua mente, mediante associações, que ele consegue organizar os significados do que lhe ocorre à mente. Cito a seguir um exemplo de como o uso de processos associativos foi central para eu compreender uma *rêverie*, diferenciando-a de outras possibilidades. Muitos outros analistas relataram maneiras semelhantes de pensar acerca de como compreender imagens surpreendentes que lhes vêm à mente. É especialmente o caso do trabalho de Cassorla (2013) e de Birksted-Breen (2012).

Sr. A

Neste exemplo, mostro de que modo minhas associações com uma imagem surpreendente tornaram-se a base para separar minha contribuição para a imagem da contribuição do paciente e da que é de ambos. Para mim, trata-se de um processo necessário para identificar o significado do que considero um acréscimo essencial dos Rocha Barros e do Ferro do início, o pictograma afetivo. Considero que seja de absoluta necessidade para saber reagir ao paciente. Assim, em resposta a uma imagem espontânea desconcertante, é apenas por meio de uma série de associações que sou capaz de identificar por que eu poderia ter tido essa imagem e, em seguida, como ela pode estar relacionada ao tratamento do sr. A e a determinada contratransferência. Foi apenas por meio de minhas associações e reflexões a respeito delas que consegui conter o que era o início de uma encenação (*enactment*) e fazer um esclarecimento insaturado que levou o paciente a encontrar sua mente analítica com uma série de associações que antes ele não tivera. A natureza construída a dois da rêverie *só se torna clara por meio das associações do analista e de uma conscientização cada vez maior de uma encenação* (enactment) *de transferência-contratransferência.*

Material clínico

Era a última sessão antes de uma interrupção para duas semanas de férias, com o encerramento no ar dentro de alguns meses. Digo assim, "encerramento no ar", pois apesar de o sr. A ter marcado uma data para o término, ele dizia de modo intermitente que essa data estava muito perto ou que sabia que se não parasse poderia continuar aprendendo muito. Em minha experiência esse sentimento não é raro durante o término, e a cada vez que surgia conseguíamos analisar outro elemento de seu significado. No entanto, o sentimento persistia, embora nós dois sentíssemos que o sr. A tinha progredido bastante na análise. A julgar por todos os sinais externos, a vida do sr. A estava indo muito bem, e meus próprios critérios psicanalíticos para o término (Busch, 2014) tinham sido alcançados. Eu permanecia intrigado sobre a persistência do sentimento do sr. A de que seria cedo demais para o término e percebi que algo mais a esse respeito precisava ser entendido.

Nessa sessão antes da interrupção, ele começou falando da separação próxima e do seu significado em termos do término, mas de forma abstrata. Como tínhamos analisado longamente essa maneira intelectualizada de falar sobre o que, em certo nível, parecia significativo para ele, e não parecia haver nada de novo surgindo, percebi-me recolhido a um silêncio passivo. Eu estava escutando, mas não o ouvia. Embora essa fosse uma reação familiar da transferência-contratransferência, pareceu-me que pensar sobre isso com ele nesse momento teria uma qualidade abstrata e rotineira. Eu não tinha certeza se isso era exato ou resultado do *meu* estado de retraimento.

Foi nesse momento que surgiu a imagem de um dos maiores jogadores de beisebol de todos os tempos, Sandy Koufax. Koufax jogou no time dos Brooklyn Dodgers, do qual eu era fã apaixonado e dedicado. Koufax foi uma figura icônica para muitos fãs dos Dodgers, pois nasceu no Brooklyn e foi um dos poucos jogadores de beisebol judeus da época. No entanto, a forma como Koufax me veio à mente naquele momento da sessão foi com *um sentimento de pesar*. Interroguei-me: por que eu não estava mais consciente e envolvido com suas grandes conquistas se ele tinha sido um dos melhores arremessadores da história do beisebol? Lembrei-me então de que embora Koufax mostrasse potencial quando estava no Brooklyn, suas grandes conquistas só aconteceram depois que, de repente, o time se mudou para Los Angeles. Como muitos fãs, nunca os perdoei por essa mudança para Los Angeles. Como afirmou uma manchete do *New York Times* na época da mudança, "Eles levaram nossos corações também". Eu sabia por minha análise pessoal que esse sentimento de traição e perda em resposta à mudança abrupta dos Dodgers do Brooklyn para Los Angeles foi um símbolo importante para outras perdas pessoais em minha adolescência. Tive vaga consciência dessa ligação na época, mas tive certa resistência para reconhecer totalmente a ligação com o término do sr. A.

Meus pensamentos então se voltaram para uma palestra que eu deveria apresentar em uma semana nas reuniões da Associação Psicanalítica Internacional (IPA) e para algumas resenhas muito favoráveis ao meu recente livro que acabara de ser publicado. Esse era o meu momento Sandy Koufax? Questionei-me na época: isso seria reparação – ou seja, uma resposta narcisista a um sentimento de perda?

Meus pensamentos seguintes foram para como Koufax parecia diminuto em tamanho, quando na verdade ele era alto, mas magro. Ocorreu-me que o sr. A também era magro e, embora já tivesse realizado muitas conquistas antes de começar sua análise, tornou-se conhecido internacionalmente em seu campo durante o processo analítico. De fato, ele tinha se tornado o Sandy Koufax da sua profissão. Interroguei-me então se seria *eu* quem estaria pesaroso por não estar sentindo mais com o fim da análise do sr. A. Afinal percebi que era isso mesmo, e que quando o sr. A ocasionalmente queria adiar o término por não se sentir pronto, e ainda ter muito a aprender, às vezes eu refletia comigo mesmo que esperava que ele mudasse de ideia e continuasse. Isso levou-me a considerar a possibilidade de que as preocupações do sr. A sobre o término fossem, em parte, uma resposta inconsciente ao meu sentimento quase consciente de que eu não queria que ele terminasse.

Após essas reflexões, percebi-me mais comprometido com o sr. A e tentei encontrar um modo de dizer algo sobre o que acontecia na sessão que pudesse refletir nosso retraimento recíproco dos sentimentos envolvidos. O que acabei oferecendo foi um esclarecimento insaturado: "Embora o encerramento esteja bastante no ar, parece um pouco distante de nós dois". O sr. A então relatou que, enquanto falava, começou a sentir que seus pensamentos pareciam abstratos e percebeu que não estava se sentindo ligado a seus pensamentos ou a mim. O sr. A então lembrou-se da época em que seu pai estava morrendo e ele se arrependeu de não ter dito ao pai o quanto o amava. Aí teve uma lembrança que não surgira até então na análise. Tinha por volta de 5 ou 6 anos de idade e ficava ansioso ao ir dormir. Lembrou que chamava sua mãe, que vinha e acariciava suas costas. Perdeu-se rapidamente na lembrança e, de repente, perguntou-se se ficava realmente ansioso nessa hora ou se seria um jeito de fazer sua mãe vir e fazer assim. Riu, surpreso com esse pensamento. Percebeu-se então pensando que precisava cortar o cabelo após nossa consulta, e que era uma chatice tirar tempo para isso. Teve então outra lembrança, que já tivera anteriormente, mas dessa vez em nova versão. Muitas vezes falara sobre como sua mãe o tratava como um *self*-objeto (não são palavras suas) e o levava à barbearia para cortar o cabelo a cada duas semanas, para ele parecer arrumado e limpo conforme ela queria que ele fosse. A princípio, trouxera essa lembrança como um fardo, mas então lembrou, com gosto, pela primeira vez, que após o corte do cabelo o barbeiro pegava um massageador de mão e massageava sua cabeça. Então me lembrou de que sua cabeleireira atual é uma mulher, que muitas vezes inclina seu corpo contra o dele enquanto corta seu cabelo. Ela também massageia a cabeça dele ao lavar seu cabelo. "Que fardo", disse ele com uma risada.

Eu disse: "Talvez possamos considerar que seu mal-estar ao se sentir ligado a mim antes de nossa separação é o fato de esses sentimentos terem tinturas eróticas em relação a esse cara que você visita quatro vezes por semana para um tipo diferente de massagem na cabeça".

Seus pensamentos voltaram-se para uma época em que sua mãe estava muito doente e ninguém conseguia descobrir o que havia de errado com ela. Em uma nova lembrança, ele recordou que, após o médico vir, ela começou a sentir-se melhor. Na época, ele imaginou que o médico a mordera e sugara a doença dela. Ele se perguntou se alguma vez teria vinculado isso com a posterior doença mental dela. Ele então refletiu sobre o fato de que acabara de fazer isso. Eu então disse: "Mais um motivo para se manter distante desse doutor massagista que supostamente está tentando ajudá-lo".

Reflexões

Como Green (1992) afirmou: "A capacidade de *rêverie* é apenas o aspecto visível de uma forma de pensamento amplamente inconsciente" (p. 586). Se assim for, como entender o significado inconsciente de uma *rêverie*? Nessa sessão, surge para mim uma imagem espontânea de maneira direta, um pictograma afetivo. Teria sido uma imagem construída a dois, envolvendo nossas duas mentes pré-conscientes ou inconscientes? Teria sido produzida para ajudar a transformar os elementos beta do paciente em elementos alfa? Ou estaria envolvido algum outro processo intrapsíquico ou interpsíquico? Como podemos responder a essas perguntas? Conforme indicado anteriormente, acredito que devamos nos basear em nossos métodos de autoanálise, observando nossas associações, refletindo e brincando com elas. Não acredito que se possa decidir por decreto que qualquer imagem ou pensamento seja uma *rêverie*.

Em minha compreensão, a *rêverie* (pictograma afetivo) que tenho na sessão, *junto com minhas associações a ela*, leva-me a analisar e integrar melhor meus *sentimentos* sobre o término iminente do sr. A. Isto é, meus *pensamentos* sobre a esperança de que ele permanecesse em análise eram conscientes, mas a intensidade de meus *sentimentos* sobre isso tinha sido cindida. Eu não saberia dizer por que tinham sido cindidos na época, mas, em retrospecto, percebi que também era um momento em que eu pensava em limitar minha clínica, não aceitando novos pacientes analíticos, e, portanto, eu lidava com outro tipo de perda. Evidentemente, também havia uma característica pessoal minha, uma resposta estoica a perdas e feridas que contribuiu para a cisão dos meus sentimentos na época. Reunir tudo isso levou-me a perceber que os pensamentos expressos do sr. A sobre sua relutância em terminar eram provavelmente, em parte, uma resposta aos meus sentimentos ambivalentes sobre seu término.

Quando recuperei minha mente analítica, as associações do sr. A nos fizeram lembrar que, em psicanálise, raramente há apenas um significado para qualquer coisa. Assim, em um desenvolvimento surpreendente, o sr. A sente pesar por não ter feito plenamente o luto pela morte de seu pai. Enquanto seu pesar pode ter contribuído para o pesar que senti em acompanhamento à imagem de Koufax, também é tingido de culpa edipiana quando o sr. A se lembra de que chamava sua mãe para o seu quarto. No entanto, seu riso sobre o reconhecimento de que provavelmente ele não se sentia tão ansioso sugere liberdade de tolerar pensamentos e sentimentos antes afastados, o que leva a outras lembranças, contadas com gosto, de excitação erótica e homoerótica, levando à lembrança, pela primeira vez, da cura de sua mãe de uma doença pelo médico que suga, levando à doença mental.

O que quero enfatizar com essas associações é que o sr. A encontrou sua mente psicanalítica, o que considero um dos fatores principais para pensar que a psicanálise fez o que ela deve fazer (Busch, 2014). Em outras palavras, o paciente ganhou liberdade para associar livremente e para refletir sobre essas associações a fim de começar a entender seu significado.

Um lembrete: trago essa vinheta como forma de mostrar quão complexa parece a compreensão do significado de uma *rêverie*. Por que seria diferente? Usando o pictograma afetivo como conceito que melhor capta uma *rêverie*, é útil lembrar que ela é a *articulação inicial na mente do analista de uma compreensão simbólica* e, como ocorre em qualquer início, é necessário mais trabalho para sua articulação plena. Tenho a impressão de que esse entendimento adicional pode ser adquirido principalmente por meio das associações do analista. A partir dessa perspectiva, é difícil endossar a ideia de que por si só as *rêveries* do analista são primariamente transformadoras para o paciente.

Em suma, trago esse exemplo, familiar para muitos psicanalistas do século XXI, como forma de organizar as imagens espontâneas (sentimentos e pensamentos) que vêm à mente do analista durante uma sessão de análise. *É uma forma de trabalhar diferente da de alguns pós-bionianos que, por definição, consideram toda* rêverie *como construção a dois*. Em minha compreensão, foi só por meio das minhas associações em conjunto com o que conscientizei na transferência-contratransferência que pude perceber a natureza construída a dois da imagem de Sandy Koufax e o sentimento de pesar que a acompanhou. Tanto o sr. A quanto eu estávamos tendo dificuldade de reconhecer o bom trabalho que havíamos feito e a resistência à separação.

Bion (1958) parecia acreditar que as associações eram a principal forma de entender um evento psíquico.

> *Esse paciente começou ocasionalmente a me relatar sonhos. Era um desenvolvimento relativamente recente, cerca de três ou quatro meses apenas,* mas na ausência de associações, não me senti capaz de fazer muito progresso *além de algumas sugestões um tanto óbvias, como ele ter sentido que era algo importante para me dizer ou que ele sentia que eu seria o tipo de pessoa que os entenderia. (p. 345, grifos nossos)*

Acredito que Jacobs (1983) expressa uma posição mais honesta sobre os significados de imagens ou sentimentos que vêm espontaneamente, ao afirmar:

> *Afetos desagradáveis ou dolorosos podem estimular operações defensivas no analista no intuito de eliminá-los ou reduzir sua intensidade. Assim, a evocação de lembranças no analista ligadas ao* self *e ao objeto cria nele um estado dinâmico no qual certos afetos, desejos e respostas do superego novamente despertados fazem ressurgir as operações defensivas originalmente usadas contra eles. Quando ocorre um desequilíbrio nesse processo dinâmico, seja do lado da defesa, seja do lado das forças que ressurgiram, monta-se a cena para o surgimento de reações contratransferenciais evidentes. (p. 633)*

Isso é exemplificado em um estudo anterior de Kern (1978), no qual se descobre que as imagens visuais estimuladas durante as sessões de análise eram *indícios de tentativas inconscientes de obscurecer, entender mal e desviar o paciente e o analista do trabalho analítico.* Eram indicações de contratransferência inconsciente, cujas formas continham fragmentos transferidos de relações objetais iniciais conflitantes *e* projeções de representações iniciais do *self.*

Em 1962, Ross e Kapp relataram que *imagens visuais* "surgidas" na mente do analista aparentemente são exemplos da atividade inconsciente da sua mente, captada como uma fotografia, no processo de responder à atividade inconsciente da mente do paciente. No entanto, seu modo de lidar com essas imagens era permitir-se fazer associações a elas, levando à conclusão de que essas imagens muitas vezes os ajudavam a compreender *contratransferências inconscientes.* Eis um exemplo apresentado por eles:

> *Uma paciente, que antes fizera progressos consideráveis em sua análise, estivera em marasmo analítico por várias semanas antes do sonho a ser mencionado. Apesar de o analista ter interpretado muitas vezes os conflitos em torno de sua transferência erótica, ela não conseguia reconhecer esses sentimentos. A falta de movimento na análise e a ineficácia das interpretações eram pistas para o analista de que provavelmente havia algum tipo de resistência contratransferencial.*
>
> *Nesse momento da análise, a paciente sonhou que estava sentada em sua pequena sala de jantar com uma pessoa cuja identidade era vaga. Uma amiga da paciente, que também estava em análise, e que aparentemente morava na mesma casa, entrou na sala parecendo doente e disse que estava planejando se mudar. Então, o sonho acabou.*
>
> *Enquanto a paciente contava o sonho, o analista de repente visualizou uma pequena sala de jantar de suas*

próprias experiências sociais recentes. A associação livre do analista à pequena sala de jantar que ele havia visualizado levou a uma mulher que o analista encontrava socialmente com frequência e a quem, com franqueza, ele gostaria de encontrar muito menos, pois considerava que o comportamento social dela era de flerte superficial e aborrecido, alguém que exigia constantemente vários favores dele. Em seguida, lembrou de uma mulher que tinha sido empregada doméstica na casa onde ele morava quando criança. Era dedicada a ele, mas aos poucos ele começou a não gostar dela por sua teimosia e suas exigências excessivas de que retribuísse seu amor. Quando ela ficou insatisfeita no emprego e pediu demissão, ele ficou contente.

Por meio dessas associações, o analista começou a considerar a possibilidade de que sutil e inconscientemente ele encorajava a paciente a se defender da transferência erótica abandonando o tratamento. Nesse momento ficou claro para ele por que suas tentativas anteriores de interpretar a transferência foram desajeitadas e malsucedidas. Seu sentimento contratransferencial inconsciente era o desejo de que a paciente abandonasse o tratamento. Antes de o analista reconhecer esses sentimentos, suas interpretações, coloridas por sentimentos inconscientes de querer rejeitar a paciente, haviam sido apresentadas de um jeito que contribuiu para a paciente sentir-se criticada e excluída por seu terapeuta. Assim que isso ficou claro, o analista conseguiu lidar com a neurose de transferência de forma construtiva e a análise progrediu novamente. A paciente pôde aceitar o esclarecimento

> *não rejeitador de seus sentimentos eróticos em relação ao analista. Esses sentimentos e as defesas contra eles não constituíram mais uma resistência ao movimento analítico. (pp. 647-648)*

Aqui, mais uma vez, é possível observar que as associações do analista a uma imagem o ajudam a compreender a contratransferência. Parece-me que esse é o mínimo que devemos fazer para entender plenamente nossas *rêveries*. Diamond (2014) captou o que considero o *padrão* pelo qual precisa ser avaliada a atividade mental do analista para compreender seu paciente. Segundo ele, "o analista deve":

1. permitir *regressão no funcionamento do ego*;
2. *tomar sua própria mente como objeto*, incluindo sua manifestação no terceiro analítico;
3. *conter a experiência interna*, inclusive suportando a incerteza e tolerando estados afetivos intensos;
4. *utilizar as funções mais desenvolvidas do ego* para autorreflexão e elaboração. (pp. 548, grifos do original)

Para encerrar, acho que Bolognini (2004) resumiu a essência da tarefa do psicanalista, ainda que tenha *superestimado sua aceitação*, quando afirmou:

> *De fato, tampouco há diferenças reais de opinião sobre o próximo passo, isto é, sobre o princípio geral de que as mudanças intrapsíquicas do paciente* também *resultam do trabalho* no *interpsíquico do paciente* com *o intrapsíquico desse mesmo paciente (desenvolvimento da transferência, fluxo de associações, ressurgimento de memórias,* insights *e assim por diante) e* com *o intrapsíquico do analista (análise de sua própria*

> *transferência e contratransferência, uso de suas associações, memórias e assim por diante para formular interpretações). (p. 337)*

8. Conceituando um enigma

O título deste capítulo capta a dificuldade do que tentarei fazer. Não obstante, continuo pensando que existe um modo de conceituar as *rêveries* do analista que possa trazer certa ordenação a como podemos pensar a respeito delas. A dificuldade da tarefa será capturada nas múltiplas ressalvas que apresento ao longo do caminho. Não estou apresentando algo que eu considere uma classificação definida de *rêverie*, mas uma diretriz para nos ajudar a pensar a respeito. Deixe-me primeiro reiterar o que me levou a acreditar na existência de uma importante necessidade de classificar as *rêveries* do analista.

Embora a *rêverie* do analista continue sendo um acréscimo importante ao seu modo de compreensão, em muitas formulações atuais ela permanece confusa e limitante, exigindo mais investigação. Alguns de seus proponentes apresentaram-na como uma nova via régia para o inconsciente do paciente, sugerindo mudanças significativas de paradigma no processo curativo, ao mesmo tempo que incorporam em sua definição conceitos que há muito têm significados próprios (por exemplo, contratransferência). Isso levou alguns à rejeição do trabalho de autoanálise que o analista precisa fazer para compreender suas reações a um paciente, especialmente quando seus sentimentos são intensos. Em vez disso, o que observamos em alguns pós-bionianos é a confiança no que chamei (Busch, 2014) de *cambalhota cartesiana*, em que se substitui a autoanálise por uma *subjetividade* radical, não construída a dois, caracterizada pela posição *eu penso, logo você é.* Além disso, algumas propostas pós-bionianas mais extremas parecem baseadas em dados limitados. Muitas vezes é difícil dizer que transformação ocorreu, e como a "*rêverie*" do analista (especialmente reações somáticas) levou a essas transformações obscuras.

Meus pontos de vista baseiam-se na ideia inicial de Bion sobre as propriedades transformadoras de uma *rêverie*, e no ponto de vista pós-bioniano de *rêverie* como estado onírico. Em geral, começo da perspectiva de que transformar o sub-representado em algo potencialmente representável ou representado de forma mais complexa é uma pedra angular do processo curativo em psicanálise. Usando níveis de *representação psíquica* como guia, penso que é possível *hierarquizar as* rêveries *do analista a partir de seu potencial transformador. Ou seja, quanto mais complexa a* rêverie *do analista for do ponto de vista psíquico, maior será a chance de ajudar o analista a elaborar uma representação para o paciente.* Por exemplo, sensações corporais (estômago contraído), sentimentos, percepções (sons, cheiros) e sensações do analista têm o potencial de fazê-lo compreender algo ainda não conhecido, mas que esteja em uma *forma de representação mais primitiva do que, por exemplo, o pictograma afetivo*, e portanto ainda precisam de um trabalho analítico significativo antes de se transformarem em algo representável para o analista e, assim, potencialmente transformador para o paciente.

Teríamos então as seguintes classificações:

1. *O pictograma afetivo, conforme descrito por Elias e Elizabeth da Rocha Barros, parece a maneira ideal de conceituar uma* rêverie. Isso porque:

   a) Adapta-se melhor à definição original de *rêverie* de Bion como a transformação *inicial* de elementos *beta* em elementos *alfa*.

   b) O pictograma afetivo já chega ao analista como *representação* de algo que nem o analista, nem o analisando tinham consciência. *Como já é uma representação, já começou um processo de transformação na mente do analista.*

   c) *É uma nova forma de representação (isto é, imagem visual) diferente de reações contratransferenciais, em que o analista pode sentir algo (ou seja, depressão, febre, excitação etc.)*, *ou de associações livres, que surgem na forma de memórias transcritas verbalmente (ou seja, uma piada, pensamentos sobre um amigo moribundo, interpretação do nosso analista pessoal).* Além disso, representa algo (ou seja, conflito inconsciente, fantasia, reparação de um estado de *self*, projeção) não previamente conhecido pelo analista, que surge espontaneamente nessa forma singular. A imagem é uma representação que está mais próxima do estado de sonho que os pós-bionianos tentam apreender. A imagem é um ato criativo, semelhante a uma produção artística descrita por Kris já em 1938 como "regressão a serviço do ego" (p. 290).

   d) O pensar em imagens começa a se desenvolver por volta dos 2 anos de idade (Flavell, Miller & Miller, 2002), quando houve certo crescimento do ego. Esse "pensar pictórico", como representação inicial, parece estar em algum lugar entre as ideias de Freud (1915) de "apresentação de coisa" e "apresentação de palavra".

2. Por definição, há um sentimento associado ao *pictograma afetivo*. Faz sentido que a qualidade do sentimento associado ao pictograma afetivo tenha algo a ver com seu potencial de transformação. Ou seja, uma imagem apavorante que o analista tem dificuldade de conter será mais difícil de traduzir em representação do que uma associada a sentimentos neutros ou positivos.

3. Eu não consideraria *estados somáticos* como *rêveries*, pois parecem ser a *antítese da elaboração psíquica*. Concordo com Aisenstein (2017), que caracteriza os pacientes somáticos como aqueles que se defendem de pensar ou imaginar algo. Os psicanalistas franceses observaram que estados psicossomáticos estão associados a "deficiências graves na vida de fantasia e um pensamento preso ao concreto" (Lecours & Bouchard, 1997, p. 857). Vale lembrar que Ferro considera que estados somáticos são evacuações de elementos beta.

***Estados emocionais*:** enquanto estados emocionais, como tristeza ou excitação, em geral se caracterizam pelo imediatismo da experiência, se houver algum nível de elaboração psíquica é possível que sejam reconhecidos como algo diferente de espaços vazios ou estados de indiferenciação.

***Percepções*:** incluem percepções olfativas ou auditivas. Podem ser o início da elaboração de um estado psíquico, embora em formas mais primitivas possam tornar-se alucinações psicóticas. *No entanto, também podemos considerar que certos analistas tendem a ter alinhamentos perceptivos com o inconsciente dos pacientes que lhes permitem capacidade maior de elaboração do que a da maioria de nós.*

***Imagens*:** no terreno das *rêveries* do analista, elas estão no nível mais elevado de elaboração psíquica, na medida em que já são uma representação simbólica.

Palavras, na forma de associações livres, *podem* ser resultado de representações profundas e simbolizadas. No entanto, eu não as colocaria na categoria de *rêveries*, que, supõe-se, têm *potencial* transformador, enquanto as associações livres já são o resultado de um processo de transformação que ocorreu. Até onde posso afirmar, Ferro (por exemplo, 2002b) usa o termo *narrativa* como equivalente de associação. "A maneira como o paciente 'ouve' essa interpretação é 'pictografada' em um ou em uma sequência de elementos alfa. Esses elementos não podem ser conhecidos diretamente. Contudo, de alguma forma tornam-se cognoscíveis por 'derivados narrativos', ou seja, pelo 'discurso' do paciente imediatamente após a interpretação (p. 185).

Considero que o *pictograma afetivo* espontâneo é o mais próximo do que Bion tentou elucidar, ao mesmo tempo que possui o maior potencial transformador. Também sou mais a favor do *pictograma afetivo* dos Rochas Barros do que do *pictograma* de Ferro, na medida em que o afeto que acompanha a imagem pode refletir de onde a imagem está vindo ao longo da dimensão pré-consciente-inconsciente e, assim, especificar aproximadamente a quantidade de trabalho de autoanálise que o analista precisará fazer para usar a imagem de forma eficaz. *Um pictograma afetivo que provoca desconforto no analista e é difícil de conter tem maior probabilidade de ser uma representação preenchida com significado inconsciente contra o qual ele se defende do que um neutro ou prazeroso.* Isso pode nos ajudar a entender algo destacado anteriormente – isto é, a aparente confusão dos pós-bionianos ao descrever algumas vezes que a *rêverie* tem base no *pré-consciente* e, outras, no *inconsciente* do analista. Embora não tenha havido qualquer comentário de pós-bionianos indicando que estivessem descrevendo que as *rêveries* ocorreriam em diferentes partes da mente, eles captaram algo importante: que as *rêveries* se formam em diferentes partes da mente e são associadas a diferentes afetos ao serem recebidas pelo analista.

Assim, em geral, diferentes estados mentais como *rêveries* potenciais podem ser colocados ao longo de um *continuum de níveis de representação*, do primitivo ao mais simbólico. Além disso, quanto mais primitivo for o estado emocional ou pensamento, mais difícil será para o analista separar: (1) o que é criado a dois; (2) o que é algo entendido acerca da vida mental do paciente; e (3) o que é reação idiossincrática do analista. Além do mais, parece haver pouca dúvida de que quanto mais primitiva for a reação do analista, mais difícil será conseguir traduzi-la em algo útil para o paciente. A descrição de estados somáticos de Ogden é um exemplo de sentimento muito primitivo e difícil de traduzir.

Sensações corporais, como forma muito primitiva de representação, existem desde o início da vida. No entanto, uma imagem que surge repentinamente na mente do analista é um progresso a partir de um estado emocional ou percepção na medida em que já é uma representação. No entanto, há várias questões que penso ser útil analisar ao pensar nos *pictogramas afetivos* considerados pelos Rocha Barros como *rêveries* por excelência. Resumindo minhas questões:

1. Qual é a qualidade do afeto associado ao pictograma? Imagens que surgem na mente durante uma sessão de análise se encaixam em um *continuum* do aterrorizante ao engraçado, e tudo mais entre eles.

2. Uma questão paralela diz respeito à estabilidade do pictograma e à dificuldade de o analista contê-lo.

3. No modelo que proponho, a facilidade com que as associações vêm à mente também pode ajudar a determinar a profundidade inconsciente de uma *rêverie* potencial. Considero a possibilidade de que *a facilidade de associações ao pictograma seja um critério importante na determinação de traduzir ou não uma imagem em interpretação na sessão em que ocorre*. No

entanto, é preciso ter em mente que a facilidade de associações também pode representar uma defesa maníaca contra o afeto associado à imagem.

Essas questões abordam o problema a respeito de onde do inconsciente pode vir uma imagem[1] e, portanto, a dificuldade que o analista pode ter de fazer associações a ela, refletir a respeito dela e fazer uma interpretação útil para o paciente. Mas por que um pictograma surge na mente do analista em forma de representação? A imagem enquanto inconsciente começa com Freud (1915), que observou que no inconsciente as apresentações de coisa são *imagens*. As apresentações de coisa, disse ele, "consistem no investimento [catexia], se não das *imagens-memória* diretas da coisa, ao menos de um traço de memória mais remoto derivado delas" (p. 210, grifo nosso).[2] De acordo com Botella e Botella (2005), "Aulagnier (1975) descreveu as noções de *pictogramas* e *linguagem pictórica*" (p. 47) como idênticas à *imagem da coisa*, assim ampliando e fazendo um vínculo com a concepção de Freud. Os Botella observam que Freud (1933), nas *Novas conferências introdutórias*, traçou um paralelo entre a ausência de afeto nos pensamentos oníricos e a força sensorial das imagens oníricas, sugerindo assim um processo defensivo na formação de pictogramas. Em suma, os pontos de vista freudianos de pictograma condizem com o ponto de vista pós-bioniano de sua ligação com o inconsciente. *Não obstante, de onde do inconsciente a imagem vem e sua possibilidade de transferência para uma representação em palavras permanecem a ser descobertos em cada pictograma.*

---

1 Estou pensando aqui no desenho do modelo estrutural de Freud (1933, p. 78), em que o inconsciente vai da fronteira com o pré-consciente até um desconhecido sem fim. (Ver Busch, 2006a, para uma discussão desse desenho).

2 Para uma discussão mais completa, ver Schmidt-Hellerau (2001, pp. 139-141).

Outros pensamentos

Tenho a impressão de que houve uma passagem não reconhecida da ideia de Bion da *rêverie* como uma espécie de *fenômeno de fundo* na abordagem do analista ao paciente para a ideia de *rêverie* em algo *concreto, um estado mental* que pode ser usado pelo analista como método primário de compreender e tratar o paciente. É o que acontece com muitos analistas que seguem a introdução de um novo conceito, conforme ele é revisado e mais articulado. Portanto, os pontos de vista pós-bionianos de *rêverie* devem ser avaliados por seus próprios méritos.

Para que um novo termo tenha validade, deve captar algo singular. O conceito original de *rêverie* de Bion era singular, pois esse estado mental do analista e seu efeito sobre o paciente não haviam sido articulados anteriormente (o conceito de atenção livre flutuante de Freud é o mais próximo, mas não se considerou que tivesse a função de transformação de elementos beta em elementos alfa descrita por Bion). Muitas das maneiras como alguns pós-bionianos apresentam a *rêverie* parecem ter sido descritas anteriormente por Freud como devaneios, sonhos noturnos e associações. Enquanto alguns pós-bionianos consideram que esses pensamentos são transformadores em si mesmos, há muitas perguntas que precisam ser respondidas sobre essa formulação. Como antes se observou, muito do que Ogden descreve como parte de suas *rêveries* já havia sido observado e designado de forma diferente na literatura psicanalítica – ou seja, reações somáticas, defesas, contratransferências, associações etc.

Além disso, como já elaborei anteriormente, o analista ainda precisa refletir acerca dessa imagem para, do melhor modo possível, tentar distinguir o que a imagem representa – ou seja, a compreensão de algo novo sobre o paciente, ou algo mais idiossincrático incitado no inconsciente do analista. Com as devidas precauções já mencionadas, essas imagens têm o potencial de fazer o analista entender algo antes não plenamente conhecido que desbloqueia novas formas de compreensão e, portanto, tem a possibilidade de ser transformador para o paciente. Se pudermos apreciar um inconsciente com profundidade, que vai da fronteira do pré-consciente a uma profundidade insondável e infinita (Busch, 2009, 2014), essa imagem poderia ser uma criação do inconsciente suficientemente próximo do pré-consciente a ponto de formar essa imagem onírica passível de se tornar consciente. Em sua contribuição, os Rocha Barros encontraram uma forma única de elaborar a *rêverie* que parece atender ao padrão de definição válida. Além disso, seu apelo em favor da necessidade de traduzir esses pictogramas afetivos em significado simbólico para o paciente leva seu trabalho a se encaixar na estrutura da tradição freudiano-kleiniana.

Ao vincular a *rêverie* a um estado ou reação do analista em uma única sessão, os pós-bionianos usaram como critério o desenvolvimento de curto prazo que se pode ver em uma sessão (por exemplo, um sonho). No entanto, muitas vezes é difícil dizer se esse é o trabalho da *rêverie* do analista na sessão ou *todo o trabalho analítico anterior*. Embora esse desenvolvimento de curto prazo possa ser o alicerce do crescimento estrutural, muitas vezes ele pode ser limitado conforme o paciente regride e retorna às suas defesas de caráter como parte do processo de elaboração.

Enquanto lia a literatura pós-bioniana, eu ficava me lembrando do apelo de Weinshel (1984) para "a dignidade da sessão não tão boa", em que ele defende

> *mais reconhecimento e atenção às trocas menos deslumbrantes e emocionantes que ocorrem diariamente na interface da interação analista-analisando, aos elementos mais prosaicos e "silenciosos" dessa interação, e à maneira*

> *como o analista e suas intervenções auxiliam os esforços analíticos do paciente – em vez de tanta atenção aos quadros do trabalho analítico que apresentam o analista no papel de protagonista. (pp. 89-90)*

Parece-me que o que Bion tentava apreender era o pano de fundo para uma análise suficientemente boa. Ou seja, as muitas centenas de maneiras como a postura do analista serve como meio para a continência de emoções primitivas captadas por muitos analistas, por exemplo, no ambiente continente de Winnicott (1965), no espelhamento e na função de *self*-objeto para o paciente narcisista de Kohut (1971), no papel paterno de terceiro analítico sugerido por Green (1975) e muitos, muitos outros (e na maneira como falamos com um paciente, o cumprimentamos, escutamos, ou constantemente parecemos aflitos, ou iniciamos as sessões com atraso, ou se ignoramos sentimentos fortes e derivativos pulsionais).

Referências

Aguayo, J., & Malin, B. (2013). *Los Angeles Seminars and Supervision*. Karnac.

Aguayo, J., Pistner de Cortinas, L., & Regeczkey, A. (2018). *Bion in Buenos Aires*. Karnac.

Aisenstein, M. (2007). On Therapeutic Action. *Psychoanal. Q.*, *76S*, 1443-1461.

Aisenstein, M. (2017). *An Analytic Journey*. Routledge.

Aisenstein, M., & Smadja, C. (2010). Conceptual Framework from the Paris Psychosomatic School: A Clinical Psychoanalytic Approach to Oncology. *Int. J. Psychoanal.*, *91*(3), 621-640.

Aulagnier, P. (1975). *The Violence of Interpretation*. Bruner-Routledge.

Aulagnier, P. (1984). Le retrait dans l'hallucination: un équivalent du retrait autistique? *Lieux de l'enfance*, (3), 149-164.

Baranger, M., Baranger, W., & Mom, J. (1983). Process and Non--Process in Analytic Work. *Int. J. Psychoanal.*, *64*, 1-15.

Baranger, M., Baranger, W., & Mom, J. M. (1988). The Infantile Psychic Trauma from Us to Freud: Pure Trauma, Retroactivity and Reconstruction. *Int. J. Psychoanal.*, *69*, 113-128.

Barratt, B. B. (2017). Opening to the Otherwise. *Int. J. Psychoanal.*, *98*, 39-53.

Beres, D. (1957). Communication in Psychoanalysis and in the Creative Process: A Parallel. *J. Amer. Psychoanal. Assn.*, *5*, 408-423.

Bergman, P., & Escalona, S. K. (1949). Unusual Sensitivities in Very Young Children. *Psychoanal. St. Child*, *4*, 333-352.

Bezoari, M., & Ferro, A. (1989). Listening, Interpretations and Transformative Functions in the Analytical Dialogue. *Rivista Psicoanal.*, *35*(4), 1014-1050.

Bion, W. R. (1958). On Hallucination. *Int. J. Psycho-Anal.*, *39*, 341-349.

Bion, W. R. (1962). *Learning from Experience*. London: Tavistock.

Bion, W. R. (1963). Elements of Psycho-Analysis. Heinemann.

Bion, W. R. (1970). *Attention and Interpretation*. Tavistock.

Bion, W. R. (1976). Evidence. In *Clinical Seminars and Other Works* (pp. 312-320). Karnac.

Bion, W. R. (1987). *Clinical Seminars and Other Works*. Karnac.

Bion, W. R. (1990). Brazilian Lectures. Karnac.

Bion, W. R. (1991). *Cogitations*. Karnac.

Bion, W. R. (2005). *The Italian Lectures*. Karnac.

Birksted-Breen, D. (2012). Taking Time: The Tempo of Psychoanalysis. *Int. J. Psycho-Anal.*, *93*, 819-835.

Birksted-Breen, D. (2016). Bi-occularity the Functioning Mind of the Analyst. *Int. J. Psycho-Anal.*, *97*, 25-40.

Bolognini, S. (2004). Intrapsychic-Interpsychic. *Int. J. Psychoanal.*, *85*, 337-358.

Botella, C., & Botella, S. (2005). *The Work of Psychic Figurability*. Routledge.

Botella, C., & Botella, S. (2013). Psychic Figurability and Unrepresented States. In H. Levine, G. S. Reed, & D. Scarfone, *Unrepresented States and the Construction of Meaning*. Karnac.

Bott-Spillius, E. (1994). On Formulating Clinical Facts to a Patient. *Int. J. Psycho-Anal.*, *75*, 1121-1132.

Bowlby, J., Robertson, J., & Rosenbluth, D. (1952). A Two-Year-Old Goes to Hospital. *Psychoanal. Study Child*, *7*, 82-94.

Boyer, L. B. (1997). The Verbal Squiggle Game in Treating the Seriously Disturbed *Patient. Psychoanal. Q.*, *66*, 62-81.

Breuer, J. (1893). Fräulein Anna O, Case Histories from Studies on Hysteria. *S.E.* II, 19-47.

Breuer, J., & Freud, S. (1893). Studies on Hysteria. *S.E.* II, 1-240.

Brown, L. J. (2009). Bion's Ego Psychology: Implications for an Intersubjective View of Psychic Structure. *Psychoanal. Q.*, *78*(1), 27-55.

Brown, L. J. (2010). Klein, Bion, and Intersubjectivity: Becoming, Transforming, and Dreaming. *Psychoanal. Dial.*, *20*(6), 669-682.

Bucci, W. (2001). Pathways of Emotional Communication. *Psychoanal. Inq.*, *21*(1), 40-70.

Busch, F. (1968). Transference in Psychological Testing. *J. Proj. Techniques*, *32*, 509-512.

Busch, F. (1993). "In the Neighborhood": Aspects of a Good Interpretation and a "Developmental Lag" in Ego Psychology. *J. Amer. Psychoanal. Assn.*, *41*, 151-177.

Busch, F. (1995). *The Ego at the Center of Technique*. Rowan and Littlefield.

Busch, F. (1999). *Rethinking Clinical Technique*. Rowan and Littlefield.

Busch, F. (2000). What is a Deep Interpretation? *J. Amer. Psychoanal. Assn.*, *48*(1), 237-254.

Busch, F. (2006a). A Shadow Concept. *Int. J. Psycho-Anal.*, *87*(6), 1471-1485.

Busch, F. (2006b). Countertransference in Defense Enactments. *J. Amer. Psychoanal. Assn.*, *54*(1), 67-85.

Busch, F. (2009). "Can You Push a Camel through the Eye of a Needle?" Reflections on how the Unconscious Speaks to us and its Clinical Implications. *Int. J. Psychoanal.*, *90*(1), 53-68.

Busch, F. (2014). *Creating a Psychoanalytic Mind*. Routledge.

Busch, F. (2015). Our Vital Profession. *Int. J. Psychoanal.*, *96*, 553-568.

Busch, F., & Schmidt-Hellerau, C. (2004). How Can we Know what we Need to Know? Reflections on Clinical Judgment Formation. *J. Amer. Psychoanal. Assn.*, *51*, 689-708.

Cassorla, R. (2013). In Search of Symbolization. In H. Levine, G. S. Reed, & D. Scarfone, *Unrepresented States and the Construction of Meaning*. Karnac.

Civitarese, G., & Ferro, A. (2013). The Meaning and Use of Metaphor in Analytic Field Theory. *Psychoanal. Inq.*, *33*(3), 190-209.

Coltart, N. E. C. (1986). "Slouching towards Bethlehem..." or Thinking the Unthinkable in Psychoanalysis. In G. Kohon (Ed)., *The British School of Psychoanalysis. The Independent Tradition* (pp. 185-199). Yale University Press.

Diamond, M. J. (2014). Analytic Mind Use and Interpsychic Communication: Driving Force in Analytic Technique, Pathway to Unconscious Mental Life. *Psychoanal. Q.*, *83*(3), 525-563.

Dickes, R. (1965). The Defensive Function of an Altered State of Consciousness. *J. Amer. Psychoanal. Assn.*, *13*, 356-403.

Eagle, M. N. (2003). The Postmodern Turn in Psychoanalysis: A Critique. *Psychoanal. Psychol.*, *20*(3), 411-424.

Escalona, S. (1963). *The Roots of Individuality*. Aldine Press.

Fédida, P. (1992). *Nome, Figura e Memória*. Escuta.

Ferro, A. (1992). Two Authors in Search of Characters: The Relationship, the Field, the Story. *Rivista Psicoanal.*, *38*, 44-90.

Ferro, A. (1993). From Hallucination to Dream: From Evacuation to the Tolerability of Pain in the Analysis of a Preadolescent. *Psychoanal. Rev.*, *80*(3), 389-404.

Ferro, A. (2002a). Some Implications of Bion's Thought. *Int. J. Psychoanal.*, *83*, 597-607.

Ferro, A. (2002b). Narrative Derivatives of Alpha Elements. *Int. Forum Psychoanal.*, *11*, 184-187.

Ferro, A. (2002c). *In the Analyst's Consulting Room*. Bruner-Routledge.

Ferro, A. (2005). Four Sessions with Lisa. *Int. J. Psycho-Anal.*, *86*, 1247-1256.

Ferro, A. (2006). Clinical Implications of Bion's Thought. *Int. J. Psychoanal.*, *87*, 989-1003.

Ferro, A. (2008). The Patient as the Analyst's Best Colleague: Transformation into a Dream and Narrative Transformations. *The Italian Psychoanalytic Annual*, *2*, 199-205.

Ferro, A. (2009). *Mind Works*. Routledge.

Ferro, A. (2015). *Rêveries*. Karnac.

Ferro, A. (2016). Changes in Technique and in the Theory of Technique in a Post-Bionian Field Model. In H. B. Levine, & G. Civitarese (Eds.), *The W.R. Bion Tradition*. Karnac.

Ferro, A., & Basile, R. (2008). Countertransference and the Characters of the Psychoanalytic Session. *Scand. Psychoanal. Rev.*, *31*(1), 3-10.

Ferro, A., & Basile, R. (2009). The Universe of the Field and its Inhabitants. In A. Ferro, & R. Basile (Eds.), *The Analytic Field*. Karnac.

Ferro, A., & Nicoli, L. (2017). *The New Analyst's Guide to the Galaxy*. Karnac.

Flannery, J. G. (1979). Dimensions of a Single Word-Association in the Analyst's Rêverie. *Int. J. Psychoanal.*, *60*, 217-223.

Flavell, J. H., Miller, P. H., & Miller, S. A. (2002). *Cognitive Development*. Prentice-Hall.

Frayn, D. H. (1987). An Analyst's Regressive Rêverie: A Response to the Analysand's Illness. *Int. J. Psychoanal.*, *68*, 271-277.

Freud, S. (1910). Wild Psycho-Analysis. *S.E.* XI, 219-228.

Freud, S. (1911). Formulations on the Two Principles of Mental Functioning. *S.E.* XII, 213-226.

Freud, S. (1912). Recommendations to Physicians Practising Psycho-Analysis. *S.E.* XII, 109-120.

Freud, S. (1914). Remembering, Repeating and Working-Through (Further Recommendations on the Technique of Psycho-Analysis II). *S.E.* XII, 145-156.

Freud, S. (1915). The Unconscious. *S.E.* XIV, 166-216.

Freud, S. (1916). Some Character-Types Met with in Psycho-Analytic Work. *S.E.* XIV, 309-333.

Freud, S. (1923). The Ego and the Id. *S.E.* XIX, 1-66.

Freud, S. (1926). Inhibitions, Symptoms and Anxiety. *S.E.* XX, 75-176.

Freud, S. (1933). New Introductory Lectures on Psychoanalysis. *S.E.* XXII, 1-182.

Gray, P. (1994). *The Ego and Analysis of Defense*. Aronson.

Green, A. (1974). Surface Analysis, Deep Analysis. *Int. Rev. Psychoanal.*, *1*, 415-423.

Green, A. (1975). The Analyst, Symbolization and Absence in the Analytic Setting (On Changes in Analytic Practice and Analytic Experience). In Memory of D. W. Winnicott. *Int. J. Psychoanal.*, *56*, 1-22.

Green, A. (1992). Cogitations. *Int. J. Psycho-Anal.*, *73*, 585-589.

Grinberg, L. (1987). Dreams and Acting Out. *Psychoanal. Q.*, *56*, 155-176.

Grotstein, J. (2000). *Who Is the Dreamer Who Dreams the Dream?* Analytic Press.

Grotstein, J. (2007). *A Beam of Intense Darkness. Wilfred Bion's Legacy to Psychoanalysis*. Karnac.

Grotstein, J. (2009). *But at the Same Time and at Another Level*. Karnac.

Hartmann, H. (1939). *Ego Psychology and the Problem of Adaptation*. International Universities Press.

Hermon, N. (2016). On Becoming a Child: Rêverie in the Psychotherapy of Children. *Int. J. Psycho-Anal.*, *97*(6), 1591-1608.

Horner, T., Whiteside, M., & Busch, F. (1976). The Mutual Influence of the Positive Cohesive Self, Mental Representational Structures, and Interactive Behavior in the Child's Involvement with Peers. *Int. J. Psychoanal.*, *57*, 461-475.

Jacobs, T. J. (1983). The Analyst and the Patient's Object World: Notes on an Aspect of Countertransference. *J. Amer. Psychoanal. Assn.*, *31*, 619-642.

Jacobs, T. J. (1993). The Inner Experiences of the Analyst: Their Contribution to the Analytic Process. *Int. J. Psycho-Anal.*, *74*, 7-14.

Jacobs, T. J. (1999). Countertransference Past and Present: A Review of the Concept. *Int. J. Psychoanal.*, *80*, 575.

Jacobson, E. (1954). The Self and the Object World. *Psychoanal. St. Child*, *9*, 75-127.

Junqueira de Mattos, J. A. (2016). Impressions of my Analysis with Dr. Bion. In H. Levine, & G. Civitarese (Eds), *The W.R. Bion Tradition*. Karnac.

Katz, S. M. (2016). The Timing of the Use of Rêverie. In D. Blue, C. & Harrang, *From Rêverie to Interpretation*. Karnac.

Kern, J. W. (1978). Countertransference and Spontaneous Screens: An Analyst Studies his Own Visual Images. *J. Amer. Psychoanal. Assn.*, *26*, 21-47.

Kernberg, O. (2017). Review of Wilford Bion: Los Angeles Seminars (Aguayo, J. & Malin, B. Eds.). *Int. J. Psycho-Anal.*, *98*, 250-225.

Kohut, H. (1971). *The Analysis of the Self.* Int. Univ. Press.

Kris, E. (1936). The Psychology of Caricature. *Int. J. Psycho-Anal.*, *17*, 285-303.

Lecours, S. (2007). Supportive Interventions and Nonsymbolic Mental Functioning. *Int. J. Psychoanal.*, *88*(4), 895-915.

Lecours, S., & Bouchard, M.-A. (1997). Dimensions of Mentalization. *Int. J. Psychoanal.*, 78, 855-875.

Levine, H. B., & Civitarese, G. (Eds.). (2016). *The W.R. Bion Tradition*. Karnac.

Levine, H. B., & Reed, G. (2015). Prologue: Responses to the Work of Antonino Ferro. *Psychoanal. Inq.*, *35*(5), 449-450.

Loewald, H. W. (1971). Some Considerations on Repetition and Repetition Compulsion. *Int. J. Psychoanal.*, *52*, 59-66.

Loewald, H. W. (1975). Psychoanalysis as an Art and the Fantasy Character of the Psychoanalytic Situation. *J. Amer. Psychoanal. Assn.*, *23*, 277-299.

Marty, P. (1976). *Les mouvements individuels de vie et de mort: essai d'économie psychosomatique*. Payot.

Mahler, M. (1968). *On Human Symbiosis and the Vicissitudes of Individuation*. Int. Univ. Press.

Meltzer, D. (1984). *Dream-Life*. Clunie Press.

Miller, P. (2015). Piera Aulagnier, an Introduction. *Int. J. Psycho-Anal.*, *96*, 1355-1369.

Ogden, T. H. (1996). Reconsidering Three Aspects of Psychoanalytic Technique. *Int. J. Psycho-Anal.*, *77*, 883-899.

Ogden, T. H. (1997a). Rêverie and Interpretation. *Psychoanal. Q.*, *66*, 567-595.

Ogden, T. H. (1997b). Rêverie and Metaphor. *Int. J. Psycho-Anal.*, *78*, 719-732.

Ogden, T. H. (2001). Conversations at the Frontier of Dreaming. *Fort Da*, *7*(2), 7-14.

Ogden, T. H. (2003). On Not Being Able to Dream. *Int. J. Psycho-Anal.*, *84*(1), 17-30.

Ogden, T. H. (2007a). On Talking-as-Dreaming. *Int. J. Psycho-Anal.*, *88*, 575-589.

Ogden, T. H. (2007b). Elements of Analytic Style: Bion's Clinical Seminars. *Int. J. Psycho-Anal.*, *88*(5), 1185-1200.

Ogden, T. H. (2009). Rediscovering Psychoanalysis. *Psychoanal. Persp.*, *6*, 22-31.

Ogden, T. H. (2010). On Three Forms of Thinking: Magical Thinking Dream Thinking, and Transformative Thinking. *Psychoanal. Q.*, *79*(2), 317-347.

Ogden, T. H. (2011). Reading Susan Isaacs: Toward a Radically Revised Theory of Thinking. *Int. J. Psychoanal.*, *92*, 925-942.

Ogden, T. H. (2012). How the Analyst Thinks as Clinician and as Literary Reader. *Psychoanal. Persp.*, *9*, 243-273.

Ogden, T. H. (2017). Dreaming the Analytic Session: A Clinical Essay. *Psychoanal. Q.*, *86*(1), 1-20.

Oliner, M. (2013). "Non-represented" Mental States. In H. L. Levine, G. S. Reed, & D. Scarfone (Eds.), *Unrepresented States and the Construction of Meaning*. Karnac.

O'Shaughnessy, E. (2005). Whose Bion? *Int. J. Psycho-Anal.*, *86*(6), 1523-1528.

Paniagua, C. (2001). The Attraction of Topographical Technique. *Int. J. Psychoanal.*, *82*(4), 671-684.

Piaget, J., & Inhelder, B. (1959). *The Psychology of the Child*. Basic Books.

Pine, F. (2011). Beyond Pluralism: Psychoanalysis and the Workings of the Mind. *Psychoanal. Q.*, *80*, 823-856.

Rocha Barros, E. M. (2000). Affect and Pictographic Image. *Int. J. Psycho-Anal.*, *81*, 1087-1099.

Rocha Barros, E. M. (2002). An Essay on Dreaming, Psychical Working out and Working Through. *Int. J. Psycho-Anal.*, *83*, 1083-1093.

Rocha Barros, E. M. (2018). *Symbol Formation and Transformations in Theory and Practice*. Apresentado na 43rd Annual Conference of the Canadian Psychoanalytic Society. Montreal.

Rocha Barros, E. M., & Rocha Barros, E. L. (2011). Reflections on the Clinical Implications of Symbolism. *Int. J. Psycho-Anal.*, *92*, 879-901.

Rocha Barros, E. M., & Rocha Barros, E. L. (2016). The Function of Evocation in the Working through of Countertransference: Projective Identification, Rêverie, and the Expressive Function of the Mind – Reflections Inspired by Bion's Work. In H. B. Levine, & G. Civitarese (Eds.), *The W.R. Bion Tradition*. Karnac.

Ross, W. D., & Kapp, F. T. (1962). A Technique for Self-Analysis of Countertransference – Use of the Psychoanalyst's Visual Images in Response to Patient's Dreams. *J. Amer. Psychoanal. Assn.*, *10*, 643-657.

Rumelhart, D. E. (1989). The Architecture of Mind: A Connectionist Approach. In M. A. Posner (Ed.), *Foundations of Cognitive Science* (pp. 133-159). The MIT Press.

Sandler, J. (1976). Dreams, Unconscious Fantasies and "Identity of Perception". *Int. Rev. Psycho-Anal.*, *3*, 33-42.

Schmidt-Hellerau, C. (2001). *Life Drive and Death Drive*. Other Press.

Schmidt-Hellerau, C. (2005). The Door to Being Preserved and Alive. *Int. J. Psycho-Anal.*, *86*, 1261-1264.

Schmidt-Hellerau, C. (2006). Surviving in Absence: On the Preservative and Death Drives and Their Clinical Utility. *Psychoanal. Q.*, *75*(4), 1057-1095.

Schmidt-Hellerau, C. (2008). The Lethic Phallus: Rethinking the Misery of Oedipus. *Psychoanal. Q.*, *77*(3), 719-753.

Schmidt-Hellerau, C. (2009). "You've Hurt Me!": Clinical Reflections on Moral Sadism. *Psychoanal. Q.*, *78*(1), 233-241.

Silva, M. C. P. (2017). The Analyst's Narrative Function. *Int. J. Psychoanal.*, *98*, 21-38.

Smolensky, P. (1988). On the Proper Treatment of Connectionism. *Behav. & Brain Sci.*, *11*, 1-22, 59-74.

Spitz, R. A. (1945). Hospitalism – An Inquiry into the Genesis of Psychiatric Conditions in Early Childhood. *Psychoanal. St. Child*, *1*, 53-74.

Spitz, R. A. (1946). Hospitalism – A Follow-Up Report on Investigation Described in Volume I, 1945. *Psychoanal. St. Child*, *2*, 113-117.

Steiner, J. (1994). Patient-Centered and Analyst-Centered Interpretations: Some Implications of Containment and Countertransference. *Psychoanal. Inq.*, *14*(3), 406.

Stern, D., & Sander, L. (1980). New Knowledge about the Infant from Current Research: Implications for Psychoanalysis. *J. Amer. Psychoanal. Assn.*, *28*, 181-198.

Taylor, D. (2011). Commentary on Vermote's 'On the Value of "Late Bion" to Analytic Theory and Practice'. *Int. J. Psycho-Anal.*, *92*, 1099-1112.

Vermote, R. (2011). On the Value of 'Late Bion' to Analytic Theory and Practice. *Int. J. Psycho-Anal.*, *92*, 1089-1098.

Weinshel, E. M. (1984). Some Observations on the Psychoanalytic Process. *Psychoanal. Q.*, *53*, 63-92.

Winnicott, D. W. (1965). The Maturational Processes and the Facilitating Environment. *Int. Psycho-Anal. Lib.*, *64*, 1-276.

Winnicott, D. W. (1987). *Babies and their Mothers*. Perseus.

Índice remissivo

abordagem centrada no analista (Steiner), 151

Aisenstein, M., 83, 140, 147, 148, 149, 160, 178

ansiedade, segunda teoria da, de Freud, 52

associação livre: associação livre/atenção flutuante de Freud, 125, 162, 182; associação na categoria não "*rêverie*", 179; associações do analista (exemplo do sr. A), 163-174; Bion sobre o papel principal da, 170; concepção de Ogden de associações como *rêveries, 66, 75, 78, 105-106, 155;* derivados narrativos de Ferro como associações livres, 105-106, 116, 120, 155, 179

Associação Psicanalítica Internacional, 11, 165

associações *ver* associação livre

Aulagnier, P., 147, 148, 181

auto-hipnose, 27

Autorreflexão, 87, 161, 161n3, 173

Barratt, B. B., 162

Barros *ver* Rocha Barros, E. e E.

bebê, e *rêverie* da mãe, 29, 144, 145, 146n7, 147, 155

Bergman, P., 152

Bion, W. R.: "Evidência" (artigo), 45; abordagem clínica, 35-39; *Aprender com a experiência, 25, 28-32*; *Cogitações, 45*; contratransferência como resultado do inconsciente do analista, 67; elementos alfa, 24, 25, 30-31, 177; elementos beta, 24, 25, 30-31, 177; escritos clínicos, 36-37; Ferro sobre sua técnica clínica *vs.* teoria perspectiva, 36, 60-61; foco clínico em "agressividade na transferência", 36, 37; formação/perspectiva clínica kleiniana, 33, 36, 48, 61; função alfa, 24, 25, 30-31, 31n1, 147; manuscrito de caso clínico, 35n1; mente do analista, foco na, 127-128; O'Shaughnessy sobre seus escritos não serem "textos sagrados", 19; Ogden sobre seu pensamento e escrita "vagos", 28; princípio do "paciente como melhor colega", 103, 116; relato de Mattos sobre sua análise com Bion, 55-61; *rêverie* do analista, concepção de, 35-38, 162-163, 176, 177, 182; *rêverie* do analista, não uso da, em sua própria abordagem clínica, 35-38, 41-42, 48-49; seminários clínicos, Brasil (1975-1978), 36-38, 39-48; seminários clínicos, Itália (2005), 37; seminários clínicos, Los Angeles (1967), 36-38, 48-54; sobre "como eu faço psicanálise", 44; sobre associações, 170; teoria da psicose, 38-39, 41-44, 48, 53; "sem memória, sem desejo, sem tentar compreender", 38n2, 53-54, 118, 125

Birksted-Breen, D., 67, 112, 143, 162, 163

Bolognini, S., 173

Botella, Sara e César, 12n2, 162, 181

Bouchard, M.-A., 178

Bowlby, J., 145

Breuer, J., 27, 128

brincar paralelo, 48n7

Brown, L. J., 129

Bucci, W., conceito de "pensamento subsimbólico", 14-15

cartesiano *ver* Descartes, R.

cartum Fido, 146n8

Cassorla, R., 68, 68n3, 125, 160, 160n2, 163

Civitarese, G., *The W.R. Bion Tradition* (Levine e Civitarese), 63

Coltart, N. E. C., noção de "tendência em direção a" ["*slouching towards*"], 81

conceito de "agressividade na transferência", 36, 37

conceituando as *rêveries* do analista: cambalhota cartesiana (eu penso, logo você é), 176; crítica ao uso pós-bioniano do conceito de "*rêverie*", 182-184; desconsideração das associações livres, 179; estados emocionais, 178; estados somáticos descartados, 176, 178, 180; hierarquia baseada no potencial transformador das *rêveries, 176*; imagens, 178; níveis de representação do primitivo ao simbólico, 180; percepções, 178; pictogramas afetivos, 177; *ver também* problemas conceituais no uso da *rêverie*

"cócegas" em derivativos inconscientes no pré-consciente, 14

construção a dois: sentimentos como construção a dois, 94; *ver também rêverie* como "construção a dois"

contratransferência de papel responsivo, 134, 200;

contratransferência: a *rêverie* do analista como problema contratransferencial (pré-Bion), 27-28; conceito de "psicose contratransferencial" de Ogden, 95; contratransferência com papel responsivo, 134; contratransferências inconscientes, 170-171; diferenciação de Ferro entre *rêveries* e contratransferência, 104-105, 155; e falsos positivos, 133-139; e interpretação, 143-144; e linguagem de ação, 130; Ferro sobre os conceitos de transferência e contratransferência, 108; Jacobs sobre, 19n9, 170; o ponto de vista de Bion sobre a contratransferência como resultado do inconsciente do analista, 67; ponto de vista de Ogden sobre a contratransferência como criação intersubjetiva, 67, 76, 79-80; ponto de vista de Ogden sobre reações contratransferenciais como *rêveries, 64-65, 66, 74-77, 78-79, 82, 99, 155*

Darwin, Charles, sobre observação e julgamento, 53

Day-Lewis, Daniel, 17

defesa: e elaboração, 87; *vs.* resistência, 52n9

Descartes, R.: dúvida cartesiana, 158n1; cambalhota cartesiana (eu penso, logo você é), 176

Devaneios, 27, 65, 66, 182

Diamond, M. J., 158, 161, 173

e *rêverie* do analista (Ogden), 75-76, 77-83, 99-100; interpretações insaturadas (Ferro), 101-103, 107, 119-121, 123; interpretações transferenciais saturadas (Ferro), 107, 119-121

Eagle, M. N., 160

ego: conceito de "regressão a serviço do ego" de Kris, 32-33, 152, 177; e a segunda teoria da ansiedade de Freud, 52; e função alfa, 30-31; fraqueza do ego em pacientes *borderline, 151*; *O ego e o id* de Freud, 39; o modelo de id, ego e superego de Freud, 39; teoria do ego como estrutura de Freud, 30, 31n1

Eizirik, Cláudio, *rêverie* da "banheira", 12, 14

elementos alfa: e ponto de vista de *rêverie* de Bion, 24, 25, 30-31, 177; e ponto de vista de *rêverie* de Ogden, 75, 155; e *rêverie* como pictograma, 65-66, 68-69, 104-108, 177

elementos beta: e estágios de desenvolvimento, 145; e o ponto de vista de Ferro sobre estados somáticos, 66, 178; e o ponto de vista de *rêverie* de Bion, 23, 24, 29-31, 177; e o ponto de vista de *rêverie* de Ogden, 74-75, 155; e *rêverie* como pictograma, 64-65, 69-70, 177-178

Escalona, S., 146n6, 152

Esclarecimento, 149n9, 166, 172

Escola Psicossomática Francesa (Paris), 83, 147

estados emocionais, 178

estados hipnoides, 27

estados psicossomáticos *ver* Escola Psicossomática Francesa (Paris); estados somáticos

estados somáticos: como evacuação de elementos beta (Ferro), 66, 178; como *rêveries* (Ogden), 66, 74, 178, 180; descartados como *rêveries* pelo autor, 176, 178; *ver também* Escola Psicossomática Francesa (Paris)

estrutura, *vs.* função, 31

falsos positivos, 6, 133-139

Fédida, P., 70

Ferro, A.: a mente do analista e processo de transformação, 74, 102, 106, 113-116, 145-146; associações pré-conscientes em interpretações oníricas, 117-118, 122; capacidade do paciente de sonhar como objetivo da análise, 139; derivados narrativos como associações livres, 105-106, 116, 120, 155, 179; e teoria de campo, 103-104, 107, 116-125, 157; estados somáticos como evacuação de elementos beta, 66, 178; exemplo clínico - Filippo, 116-125; exemplo clínico - Francesco, 109-111; exemplo clínico - Lisa, 111-116; interpretações transferenciais insaturadas, 101-103, 107, 119-121, 123; interpretações transferenciais saturadas, 107, 119-121; "O paciente como melhor colega do analista" (artigo), 103, 116; princípios terapêuticos, 106-108; *rêverie* do analista como inteiramente construída a dois, 157; *rêverie* do analista como pictograma, 74, 75, 104-105, 153-154, 179; *rêverie* do analista e autorrevelação, 105; *rêverie* do analista *vs.* contratransferência, 103-104, 155; *Rêveries* (livro), 104, 101n13, 153; sobre a perspectiva freudiana e seu próprio trabalho, 19; sobre a técnica clínica *vs.* a perspectiva teórica de Bion, 35-62; sobre a teoria psicanalítica, 16, 108; sobre as obras de Freud e seu uso clínico hoje, 16; sobre o problema de "conceitos guarda-chuva", 17, 153; sobre transferência e contratransferência, 108 *flashes* oníricos, 104, 104n15, 105

Freud, S.: ansiedade, segunda teoria da, 52; "apresentação de coisa" e "apresentação de palavra", 152, 177; associação livre/atenção flutuante, 125, 162, 182; devaneios e *rêveries* como estados hipnoides, 27; ego como estrutura, 30, 31n1; ego e id, 30; Ferro sobre as obras de Freud e seu uso clínico hoje, 16; "Formulações sobre os dois princípios do funcionamento mental" (artigo), 38; imagens inconscientes e imagens-memória, 181; imagens-memória, 181; inconsciente e pré-consciente, 181n1; interpretação e prontidão do paciente para a, 45-46, 101; mente histérica, foco na, 128; metáfora da "vizinhança do paciente", 13, 13n3, 45; modelo da "elaboração", 52, 87; modelo estrutural, 38, 39, 152, 181n1; modelo id, ego e superego, 39; modelo topográfico, 59, 129; *Novas conferências introdutórias, 181*; *O ego e o id, 39*; "O inconsciente" (artigo), 38, 129, 152; "Psicanálise selvagem" (artigo), 45; segundo modelo topográfico, 38; sobre "criminosos por sentimento de culpa", 51n8; teoria da psicose, 38, 42n4; transferência, 46

função alfa: e ego, 30, 31; e estágios de desenvolvimento, 145; e inconsciente, 14; e ponto de vista de *rêverie* de Bion, 24, 25, 29-31, 31n1, 147; e *rêverie* como pictograma, 65, 69; função sintética *vs.* função analítica, 73; sonhar como função superalfa, 139

função, *vs.* estrutura, 31

Green, A., 68, 102, 167, 184

Grotstein, J., 16, 106, 139

Hartmann, H., 152

id: função do, 30-31; *O ego e o id* de Freud, 39; o modelo id, ego e superego de Freud, 39

identificação projetiva, 17, 72, 76, 76n5, 104n15, 154-155

imagens, 178; imagens-memória (Freud), 181; *ver também* pictogramas inconsciente: "cócegas" em derivados inconscientes no pré-consciente, 14; contratransferências inconscientes, 171; e função alfa, 25; e memórias em imagens de Freud, 181; e modelo freudiano-kleiniano, 32; e pictogramas afetivos, 179, 180, 181; no modelo estrutural de Freud, 181n1; "O inconsciente" (artigo) de Freud, 38, 129, 152; problema do "*un*", 128-132

infância *ver* bebê

interpessoalistas, 16

interpretação: e prontidão do paciente para (Freud), 45-46; e reações contratransferenciais, 143-144;

"intervenções de apoio", conceito de (Lecours), 148, 149

Isaacs, Susan, 19

Jacobs, T. J., sobre o conceito de contratransferência, 19n9, 170

Jacobson, E., 152

Kapp, F. T., 171

Katz, S. M., 160

Kern, J. W., 170

Kernberg, O., 38, 67, 151

Klein, Melanie: conceito de "agressividade na transferência", 36, 37; Bion como kleiniano, 36, 48; modelo freudiano-kleiniano, 32, 183; sobre identificação projetiva, 76

Kohut, H.: adeptos de, 16; trabalho sobre narcisismo, 151, 184

Kris, E., conceito de "regressão a serviço do ego", 32-33, 152, 177

Lecours, S., 68, 148, 149-151

Levine, H. B., 36-37; *The W.R. Bion tradition* (Levine e Civitarese), 63

linguagem de ação, 13, 68, 95, 130-131, 142, 144

linguagem de ação, 13, 68, 95, 130-131, 142, 144

Loewald, H. W., 130

Mahler, M., 152

Marty, P., 148

Mattos, J. A. J., 35, 55-61, 198

Meltzer, D., 70, 104n15

memória(s): e elementos beta/alfa, 23, 24-25, 29; imagens-memória (Freud), 181; e vias neuronais, 132n2; como *rêveries* (Ogden), 66; e formação de símbolos (Rocha Barros), 70; "trabalhar sem memória nem desejo" (Bion), 38n2, 54, 118, 125

metáfora de "vizinhança do paciente" (Freud), 13, 13n3, 45

metáfora de "vizinhança" (Freud), 13, 13n3, 45

modelo da "elaboração" (Freud), 52, 87

modelo estrutural (Freud), 38, 39, 152, 181n1

modelo freudiano-kleiniano, 32, 183

modelo topográfico (Freud), 59, 129

Molière, personagem "Monsieur Jourdain", 15

narcisismo, obra de Kohut sobre, 151, 184

noção de "tendência em direção a", 81

O'Shaughnessy, E., 19

Ogden, T. H.: associações como *rêveries, 66, 74-75, 78, 100, 155*; contratransferência criada de maneira intersubjetiva, 67, 75-76, 79; elementos alfa, 75, 154; elementos beta, 23-24, 74-75, 154; estados somáticos como *rêveries, 66, 74, 83, 180-181*; função alfa, 24; memórias como *rêveries, 66*; privação de *rêverie, 95, 131*; psicose de contratransferência, 95; reações contratransferenciais como *rêveries, 66, 67, 75-76, 78-81, 83, 99-100, 155*; resumo de seus pontos de vista, 99-100; *rêverie* do analista como conceito guarda-chuva, 64, 65-67, 74-75, 182; *rêverie* do analista como estado mental analítico, 74-75, 99, 153-155; *rêverie* do analista como inteiramente construída a dois, 157; *rêverie* do analista e interpretação, 76-79, 80-82, 99, 100; "Rêverie e interpretação" (artigo), 79-92; *rêverie* e processo de mudança do analista, 74-75, 84-88, 147; "Sobre a incapacidade de sonhar" (artigo), 92-99; sobre a leitura de Susan Isaacs, 19; sobre o "sonho do paciente", 157-160; sobre os seminários de Bion no Brasil, 39-42, 42-46; sobre pensamento e escrita "vagos" de Bion, 28; sobre *rêverie* materna, 146n7; sonhar como função psicanalítica mais importante da mente, 139

Oliner, M., 132

pacientes borderline, fraqueza do ego em, 151

pensamento simbólico, 68-69, 71-73

"pensamento subsimbólico", conceito de (Bucci), 14-15

percepções, 178

perspectiva freudiana: crítica de Ferro à tentativa de entender sua obra a partir da, 19; e a concepção de *rêverie* de Ogden, 78; e concepções de *rêverie* de pós-bionianos, 67; e pictogramas, 180; princípios terapêuticos, 106

Piaget, J., 130

pictograma afetivo: *rêveries* como pictogramas afetivos (Rocha Barros), 64, 65, 69, 73-74, 138-139, 153; *rêveries* como pictogramas afetivos (Rocha Barros e conceituação do autor), 177, 180, 183; *rêveries* como pictogramas afetivos e falsos positivos, 139

pictogramas: *rêveries* como pictogramas (Ferro), 63-66, 104-108, 153-156, 179; *rêveries* como pictogramas afetivos (conceituação de Rocha Barros e do autor), 176-177, 178-179, 180, 183; *rêveries* como pictogramas afetivos (Rocha Barros), 63-66, 68-72, 73, 153-156; *rêveries* como pictogramas afetivos e falsos positivos, 139

Pine, F., 157

pós-bionianos: *The W.R. Bion tradition* (Levine e Civitarese), 63; definição do termo, 11n1; diferenças em relação ao pensamento bioniano, 48, 54; diversidade de pontos de vista sobre *rêverie, 63, 127, 151-156*; e modelo freudiano-kleiniano, 32; e perspectiva freudiana, 67; e problemas do "*un*", 128-132; repensando conceitos psicanalíticos, 15; resumo da crítica ao seu uso do conceito de "*rêverie*", 180-184; trabalhando em uma bolha, 151; *ver também* conceituando as *rêveries* do analista; Ferro, A.; Ogden, T. H.; problemas conceituais no uso da *rêverie*; *rêverie* como "construção a dois"; Rocha Barros, E. e E.

pré-consciente: associações pré-conscientes transformadas em interpretações oníricas (Ferro), 116-117, 122; e função alfa, 24-25; e modelo freudiano-kleiniano, 32; e pictogramas afetivos, 179; e *rêverie*/associação, 155; e transferência, 148; em "O inconsciente" de Freud, 129; fazer "cócegas" nos derivados inconscientes no pré-consciente, 14; no modelo estrutural de Freud, 181n1

privação de *rêverie* (Ogden), 95, 131, 133

problema do "*un*", 128-132

problemas conceituais no uso da *rêverie*: desenvolvimentos não bionianos em psicanálise, 151; falsos positivos, 133-139; modelo da Escola Psicossomática Francesa, 147-150; paciente que não consegue sonhar seus sonhos, 140-144; pontos de vista contraditórios sobre *rêverie*, 127-128, 153-156; problema do "*un*", 128-132; representações em outras formas, 132; *rêverie* da mãe, 144-147; sonhar como compreensão, 139-140; *ver também* conceituando as *rêveries* do analista

psicanálise: desenvolvimento da, e reelaboração dos conceitos, 15, 108, 127, 152; desenvolvimentos não bionianos, 152

psicólogos do ego, 33, 45, 151-152

psicose: Ogden sobre psicose de contratransferência, 95; pontos de vista de Bion, 38, 41-44, 48, 53; pontos de vista de Freud, 39, 41n3

Reed, G., 36, 37

"regressão a serviço do ego", conceito de (Kris), 32-33, 152, 177

representação: a partir do primitivo para o simbólico, 178, 180; modos de, 132; *ver também* linguagem de ação

resistência: e elaboração, 87; *vs.* defesa, 52n9

rêverie como "construção a dois": como "início da compreensão" (Rocha Barros), 160; como inteiramente construída a dois (Ferro e Ogden), 157; crença bioniana/pós-bioniana, 21, 63-64; críticas à ideia de, 160-163; o papel das associações do analista (exemplo do sr. A), 163-174; Ogden sobre "sonho do paciente" e questão da criação a dois, 158-160; questões éticas da, 158

rêverie da "banheira" (Eizirik), 12, 14

rêverie da mãe, 29, 144, 145, 146n7, 147, 155

rêverie: a concepção de Breuer e Freud, 27; *ver também rêveries* do analista; problemas conceituais no uso da *rêverie*; conceituar as *rêveries* do analista; sonhar; *rêverie* materna; *rêverie* como "construção a dois"

rêveries do analista: esboço do livro, 20-21; natureza fugidia do conceito, 18; *ver também* Bion, W. R.; problemas conceituais no uso da *rêverie*; conceituando as *rêveries* do analista; Rocha Barros, E. e E.; Ferro, A.; Ogden, T. H.; pós-bionianos; *rêverie* "construída a dois"

Rocha Barros, E. e E.: *rêverie* como "início da compreensão", 160; *rêverie* do analista como pictograma afetivo e conceituação da *rêverie, 177*; *rêverie* do analista como pictograma afetivo, 64-65, 69-70, 73; *rêverie* do analista e pensamento simbólico, 68-69, 70-72; *rêverie* do analista e processo de mudança, 74; sobre função alfa, 24

Ross, W. D., 171

Sachs, Oliver, 18

Sander, L., 146

Schmidt-Hellerau, C., 75, 77, 79n6, 108n17, 115n22, 181n2

Segal, H., 76

segunda tópica (Freud), 38

Silva, M. C. P., 133, 133n3, 134

Smadja, C., 83, 147

sobre conceito de "derivados narrativos" (Ferro), 105, 106, 116, 120, 155, 179

sonhar: como compreensão, 139-140; como função superalfa (Ogden e Ferro), 139; Ogden sobre o "sonho do paciente" e a questão da criação a dois, 159-160; o paciente que não conseguia sonhar seus sonhos, 140-144; "Sobre a incapacidade de sonhar" (artigo) de Ogden, 92-99; *ver também* devaneios

sonhos de vigília: e Breuer, 27; e Ferro, 105, 106, 107; e pós-bionianos, 48, 54

Spitz, R. A., 152

Steiner, J., abordagem centrada no analista, 151

Stern, D., 146

superego, modelo id, ego e superego de Freud, 39

teoria das relações, adeptos da, 16

teoria de campo e Ferro, 103-104, 107, 116-125, 157

teoria do campo analítico e Ferro, 102-104, 116-125, 157

transferência: conceito de "agressividade na transferência", 36, 37; e pré-consciente, 148; Ferro sobre, 108; Freud sobre, 46; *ver também* contratransferência; interpretação

Weinshel, E. M., 183

Winnicott, D. W., 152, 184

Yeats, W. B.: a noção de "tendência em direção a" ("*slouching towards*"), 81